antes de dizer
amém

Max Lucado

antes de dizer amém

O PODER EXTRAORDINÁRIO
DE UMA SIMPLES ORAÇÃO

Tradução: Ana Paula Argentino

THOMAS NELSON
BRASIL®

Rio de Janeiro, 2022

Título original: *Before Amen — The Power of a Simple Prayer*
Copyright© 2014 Max Lucado.
Edição original por Thomas Nelson, Inc. Todos os direitos reservados.
Copyright da tradução © Vida Melhor Editora LTDA. 2014.

PUBLISHER	*Omar de Souza*
EDITORES RESPONSÁVEIS	*Aldo Menezes e Samuel Coto*
PRODUÇÃO	*Thalita Aragão Ramalho*
PRODUÇÃO EDITORIAL	*Luiz Antonio Werneck Maia*
TRADUÇÃO	*Ana Paula Argentino*
REVISÃO DE TRADUÇÃO	*Fernanda Silveira e Mariana Moura*
REVISÃO	*Francine F. de Souza e Jaciara Lima da Silva*
ADAPTAÇÃO DE CAPA	*Júlio Moreira*
DIAGRAMAÇÃO E PROJETO GRÁFICO	*Carmen Beatriz Silva José*

As citações bíblicas foram retiradas da NVI — *Nova Versão Internacional*,
exceto quando especificado.

CIP-BRASIL. CATALOGAÇÃO NA PUBLICAÇÃO
SINDICATO NACIONAL DOS EDITORES DE LIVROS, RJ

M778t
    Lucado, Max.
       Antes de dizer amém: o poder extraordinário de uma simples oração
/ Max Lucado ; tradução de Ana Paula Argentino – Rio de Janeiro: Thomas
Nelson Brasil, 2014.

    ISBN 978.85.7860.628-2

1. Vida cristã. 2. Fé. 3. Deus. I. Argentino, Ana Paula. II. Título.

13-07884	CDD: 248.4
	CDU: 27-584

Thomas Nelson Brasil é uma marca licenciada à
Vida Melhor Editora LTDA.
Todos os direitos reservados à Vida Melhor Editora LTDA.
Rua da Quitanda, 86, sala 218 – Centro – 20091-005
Rio de Janeiro – RJ – Brasil
Tel.: (21) 3175-1030
www.thomasnelson.com.br

Ele realiza os desejos daqueles que o temem;

ouve-os gritar por socorro e os salva.

SALMOS 145:19

Sumário

Agradecimentos 9

  1. Oração de bolso 11

  2. Pai... Papai 23

  3. Tu és bom 35

  4. Preciso de ajuda 47

  5. Cura-me 61

  6. Perdoa-me 75

  7. Eles precisam de ajuda 87

  8. Obrigado! 101

  9. Em nome de Jesus, amém 115

Guia de estudo 125

Pontos fortes da oração 173

Notas 189

Agradecimentos

Meus editores de longa data, Liz Heaney e Karen Hill. Vocês são como um Michelangelo no manuscrito: esculpem até surgir algo que valha a pena ver. Obrigado por modelar este livro.

À equipe editorial de David Moberg, Paula Major, Liz Johnson, LeeEric Fesko, Greg e Susan Ligon, Jana Muntsinger e Pamela McClure. Vocês são sempre dinâmicos, acessíveis, criativos e fervorosos.

Steve e Cheryl Green. Chefiam inúmeros projetos e consolam dezenas de pessoas. Resolvem problemas como super-heróis. Não sei o que fiz para merecer amigos como vocês, mas faria tudo de novo.

Carol Bartley, minha coeditora. Todos ficamos bem sabendo que Carol fará questão de que tudo seja feito corretamente. Sou muito grato pelo seu zelo.

Randy e Rozanne Frazee. Firmes, fortes e inabaláveis. Que honra trabalhar com vocês.

À Oak Hills Church. Após 25 anos, a igreja ainda cresce unida.

Um agradecimento especial a Tina Chisholm, Margaret Mechinus, Janie Padilla e Ashley Rosales. Vocês servem discretamente e de maneira gentil e merecem mais aplausos do que recebem. Obrigado.

David Drury. Sempre disponível para desatar nós e ideias e dar conselhos.

David Treat. Sempre devoto, sempre orando.

Às minhas filhas Andrea, Sara e Jenna e ao meu genro Brett. Quando olho para vocês, entendo o significado da palavra *bênção*.

E Denalyn, minha esposa amada. Minha melhor oração atendida? *Senhor, permita que ela diga "sim"*. Ele atendeu. Você colocou a aliança no dedo e conquistou meu coração... Para sempre.

Capítulo 1

Oração de bolso

Olá, meu nome é Max. Sou um banana da oração em recuperação. Eu cochilo quando oro. Meus pensamentos vão e voltam, e vão de novo. As distrações amontoam-se como pernilongos em uma noite de verão. Se o transtorno de *deficit* de atenção diz respeito à oração, então sou um doente. Quando oro, penso nas várias atividades que tenho de realizar. Esqueço a única coisa que me propus fazer: orar.

Algumas pessoas destacam-se na oração. Elas inspiram o céu e expiram Deus. São a guarda da intercessão. Preferem orar a dormir. Por que é que eu durmo quando oro? Elas fazem parte da AGA: Associação dos Gigantes da Oração. Eu sou um membro de carteirinha da BAO: Bananas Anônimos da Oração.

Você consegue se identificar? Não é que não oramos, longe disso. Todos nós oramos um pouco.

Oramos em cima de travesseiros molhados pelas lágrimas.

Oramos em grandes pregações.

Oramos ao olhar os pássaros voando.

Oramos ao citar antigos louvores.

Nesta semana, muitos irão orar em vez de fazer atividades físicas, trabalhar ou fazer sexo.[1] As pesquisas mostram que um em cada cinco ateus ora diariamente.[2] Só por precaução, será?

Oramos para ficar calmos, centrados, para termos a solução. Oramos quando o nódulo é diagnosticado como maligno. Quando o dinheiro acaba antes do fim do mês. Quando o bebê ainda não chutou dentro da barriga. Todos nós oramos... um pouco.

Mas não gostaríamos de orar...

Mais?

Melhor?

De forma mais íntima?

De forma mais intensa?

Com mais fervor, fé ou paixão?

Entretanto, temos filhos para alimentar, contas a pagar, prazos a cumprir. O calendário salta em cima da nossa boa intenção como um tigre sobre um coelho. Queremos orar, mas *quando*?

Queremos orar, mas *por quê*? Também podemos admitir isso. A oração é singular, peculiar. Falar para o espaço. Elevar palavras ao céu. Se não conseguimos sequer fazer a empresa de TV a cabo nos atender, Deus nos atenderá? O médico está muito ocupado, e Deus não está? Temos nossas dúvidas sobre oração.

E temos nossa história atribulada com a oração. Expectativas e pedidos não atendidos. Mal podemos ajoelhar-nos sobre a cicatriz do nosso joelho. Para algumas pessoas, Deus é o maior destruidor de corações. Por que continuar jogando as moedas dos nossos pedidos em um poço dos desejos? Ele me abandonou uma vez... De novo, não.

Oh, o enigma peculiar da oração.

Não somos os primeiros a passar por lutas intensas. A lista de inscrição para a disciplina Introdução à Oração contém alguns nomes conhecidos: os apóstolos João, Tiago, André e Pedro. Quando um dos discípulos de Jesus pediu "Senhor, ensina-nos a orar" (Lucas 11:1), nenhum deles fez objeção. Nenhum deles foi embora dizendo: "Ei, entendi o que é oração." Os primeiros discípulos de Jesus precisaram de orientação.

> Os primeiros discípulos de Jesus precisaram de orientação. Na verdade, a única aula que eles pediram foi sobre oração.

Na verdade, a única aula que eles pediram foi sobre oração. Eles podiam ter pedido instruções sobre várias questões: a multiplicação dos pães, a preparação de um sermão, acalmar uma tempestade. Jesus ressuscitou gente. Mas e quanto à palestra "Como desocupar um cemitério"? Seus discípulos nunca pediram uma. Mas eles queriam isto: "Senhor, ensina-nos a orar."

Talvez o interesse deles tivesse a ver com as promessas de cair o queixo e de arregalar os olhos que Jesus atribuiu à oração? "Peçam, e lhes será dado" (Mateus 7:7) "E tudo o que pedirem em oração, se crerem, vocês receberão" (Mateus 21:22). Jesus nunca atribuiu tal poder a outros esforços. "*Planejem*, e lhes será dado." "Vocês terão tudo pelo que trabalham." Essas palavras não estão na Bíblia. Mas estas aqui estão: "Se vocês permanecerem em mim, e as minhas palavras permanecerem em vocês, pedirão o que quiserem, e lhes será concedido" (João 15:7).

Jesus fez promessas maravilhosas. E ele deu um exemplo convincente. Jesus orava antes das refeições. Ele orava pelas crianças. Orava pelos doentes. Orava com gratidão. Orava com lágrimas nos olhos. Ele havia feito os planetas e formado as estrelas, e mesmo assim orava. Ele é o Senhor dos anjos e comandante dos exércitos celestiais, contudo, ele orava. Ele está no mesmo patamar de Deus, a representação exata do Santo, e mesmo assim se dedicava à oração. Ele orava no cemitério, no deserto, no jardim. "De madrugada, quando ainda estava escuro, Jesus levantou-se, saiu de casa e foi para um lugar deserto, onde ficou orando" (Marcos 1:35).

Este diálogo deve ter sido comum entre seus amigos:

— Alguém viu Jesus?

— Oh, sabe como é. Ele está fazendo a mesma coisa.

— Orando de novo?

— Sim. Ele está fora desde o amanhecer.

Jesus até desapareceria por uma noite inteira em oração. Estou pensando em uma ocasião em especial. Ele tinha acabado de vivenciar um dos dias mais estressantes de seu ministério. O dia começara com a notícia da morte de seu parente, João Batista. Jesus procurava retirar-se com seus discípulos, porém uma multidão o seguia. Embora angustiado, ele passou o dia ensinando e curando o povo. Quando foi descoberto que a multidão não tinha nada para comer, Jesus multiplicou os pães de um cesto e alimentou o povo. Em um curto espaço de tempo, ele lutou contra a tristeza, o estresse, as exigências e as necessidades. Merecia uma boa noite de descanso. Todavia, quando finalmente anoiteceu, ele disse para a multidão partir e para os discípulos entrarem no barco, e "tendo-a despedido, subiu a um monte para orar" (Marcos 6:46).

Pelo visto, foi a escolha certa. Explodiu uma tempestade no mar da Galileia, "mas o barco já estava a considerável distância da terra, fustigado pelas ondas, porque o vento soprava contra ele. Alta madrugada, Jesus dirigiu-se a eles, andando sobre o mar" (Mateus 14:24-25). Jesus subiu a montanha devagar. Reapareceu revigorado. Quando chegou à água, não diminuiu os passos. Era como se a água fosse um gramado e a tempestade, uma brisa de primavera.

Pensa que os discípulos conectaram-se com aquela oração poderosa? "Senhor, ensina-nos a orar *dessa forma*. Ensina-nos a encontrar forças na oração. Dissipar o medo em oração. Desafiar as tempestades em oração. Voltar da montanha de oração com a autoridade de um príncipe."

> *Quando os discípulos pediram a Jesus para ensiná-los a orar, deu-lhes uma oração. Não uma palestra. Não uma doutrina. Deu-lhes uma oração concisa, pequena, repetível.*

E você? Os discípulos enfrentaram ondas bravias e um túmulo d'água. Você enfrenta clientes irritados, uma economia turbulenta, mares em fúria de estresse e desgosto?

"Senhor", ainda pedimos, "ensina-nos a orar."

Quando os discípulos pediram a Jesus para ensiná-los a orar, deu-lhes uma oração. Não uma palestra. Não uma doutrina. Deu-lhes uma oração concisa, pequena, repetível (Lucas 11:1-4).

Você consegue fazer essa oração? Parece-me que as orações da Bíblia podem ser condensadas em apenas uma. O resultado é uma oração de bolso, simples e fácil de lembrar:

Pai,

>*Tu és bom.*

>>*Preciso de ajuda. Cura-me e perdoa-me.*

>>*Eles precisam de ajuda.*

>>*Obrigado.*

>>>*Em nome de Jesus, amém.*

Deixe que essa oração pontue seu dia. Quando iniciar sua manhã, *Pai, Tu és bom.* Quando for para o trabalho ou caminhar pelos corredores da escola, *Preciso de ajuda.* Enquanto espera na fila do mercado, *Eles precisam de ajuda.* Tenha essa oração dentro do bolso no decorrer do dia.

Para a maioria de nós, a oração não é uma questão de um longo retiro ou mesmo uma hora de meditação. A oração é um diálogo com Deus enquanto vamos para o trabalho, ou aguardamos uma reunião, ou lidamos com um cliente. A oração consegue ser a voz interna que direciona a ação externa.

> *A oração é um diálogo com Deus enquanto vamos para o trabalho, ou aguardamos uma reunião, ou lidamos com um cliente. A oração consegue ser a voz interna que direciona a ação externa.*

Uma coisa é certa: Deus irá ensiná-lo a orar. Não pense um minuto sequer que ele está olhando para você ao longe com os braços cruzados e uma carranca, esperando que você junte-se à sua vida de oração. Ao contrário. "Eis que estou à porta e bato. Se alguém ouvir a minha voz e abrir a porta, entrarei e cearei com ele, e ele comigo" (Apocalipse 3:20).

> *Uma coisa é certa: Deus irá ensiná-lo a orar.*

Jesus aguarda na porta. Ele permanece na soleira. Ele bate e chama. Ele espera que você abra a porta. Orar é abrir a porta. A oração é a mão da fé na maçaneta do seu coração. O anseio atrai. A alegria recepciona Jesus. "Entre, ó Rei. Entre." "A cozinha está uma bagunça, mas entre." "Não sou muito de conversar, mas entre."

Nós falamos. Ele ouve. Ele fala. Nós ouvimos. Isso é oração em sua forma pura. Deus transforma seu povo por meio desses momentos.

> *Nós falamos. Ele ouve. Ele fala. Nós ouvimos. Isso é oração em sua forma pura. Deus transforma seu povo por meio desses momentos.*

Ele está me desafiando! Sim, eu sou um banana da oração, mas um banana da oração em *recuperação*. Não estou onde desejo estar, porém não estou onde estive. Meu momento de oração tornou-se meu momento de poder. A oração de bolso passou a ser uma amiga querida. Suas frases permanecem em meus pensamentos como uma melodia agradável.

Pai,

Tu és bom.

Preciso de ajuda. Cura-me e perdoa-me.

Eles precisam de ajuda.

Obrigado.

Em nome de Jesus, amém.

Quando convidamos Deus para o nosso mundo, ele entra. Ele traz vários presentes: alegria, paciência, resiliência. As ansiedades surgem, contudo elas não permanecem. Os medos afloram e então desaparecem. Os lamentos pousam no para-brisa, mas então aparece o limpador da oração. O diabo ainda atira pedras de culpa em mim, porém as entrego a Cristo. Estou completando sessenta anos e mesmo assim estou cheio de energia. Estou mais feliz, mais saudável e mais esperançoso do que nunca. As lutas surgem, certamente. Mas também surge Deus.

A oração não é um privilégio só para os religiosos, nem uma arte para poucos escolhidos. Ela é simplesmente um diálogo sincero entre Deus e seus filhos. Meu amigo, ele quer falar com você. Agora mesmo, enquanto lê estas palavras, ele bate à porta. Abra-a. Dê-lhe as boas-vindas. Deixe que o diálogo comece.

Capítulo 2

Pai... Papai

uando minha filha mais velha tinha treze anos, ela cometeu uma gafe enquanto tocava piano em um recital. Jenna continuou estudando para tornar-se uma boa pianista e uma cantora maravilhosa. Mas todos têm um dia ruim. Ela só teve o dela na frente de um auditório lotado de amigos, família e expectadores. A apresentação começou bem. Seus dedos deslizavam para cima e para baixo no teclado como os dedos de Billy Joel. Mas, no meio da peça, seu trem musical saiu dos trilhos.

Ainda consigo vê-la olhando para frente, os dedos travados como se tivessem sido grudados com uma supercola. Ela recuou e tentou de novo. Sem sorte. Ela não conseguia lembrar a próxima parte de jeito nenhum. O silêncio no auditório somente foi quebrado pelas batidas do coração de seus pais.

Vamos, amorzinho, você consegue.

Continue tentando.

Não desista. Você irá lembrar.

Por fim, ela lembrou. O bloqueio mental de Jenna desfez-se, e ela completou a peça. Mas o estrago tinha sido feito. Ela levantou-se do banco com o queixo tremendo e fez uma reverência. A plateia aplaudiu de maneira compassiva. Ela saiu correndo do palco. Denalyn e eu saímos depressa dos nossos assentos e fomos ao encontro dela na lateral do auditório. Ela jogou os braços sobre mim e enfiou o rosto em minha camisa.

"Oh, papai."

Aquilo foi o suficiente para mim. Denalyn e eu a abraçamos com carinho. Se um abraço pudesse acabar com a vergonha, aquele teria acabado. Naquele momento, eu lhe daria a lua. E tudo o que ela disse foi: "Oh, papai."

A oração começa aqui. Ela começa com um sincero e honesto "Oh, papai".

Jesus nos ensinou a iniciar nossa oração dizendo "Pai nosso, que estás nos céus!" (Mateus 6:9). De forma mais específica, nosso "*Abba* que estás nos céus." *Abba* é um termo íntimo, carinhoso, folclórico, comum, a palavra mais calorosa do ara-

> *A oração começa com um sincero e honesto "Oh, papai".*

maico para "pai".[1] A formalidade despida. A intimidade prometida. Jesus faz um convite para que nos aproximemos de Deus como um filho aproxima-se de seu papai.

> *Jesus faz um convite para que nos aproximemos de Deus como um filho aproxima-se de seu papai.*

E como os filhos aproximam-se de seus pais? Fui a um parquinho escolar para descobrir. Sentei-me em um banco embaixo do toldo, abri o caderno e fiz algumas anotações. A maioria das crianças vai para casa com suas mães. Mesmo assim, muitos pais estiveram lá para que eu fizesse minha pesquisa. Quando um menino de cinco anos vê o pai no estacionamento, como ele reage?

"Iupiiiii!" (Um grito de um menino ruivo carregando uma mochila do Batman.)

"Sorvete!" (Aparentemente referindo-se a uma promessa feita pelo sujeito para a menina com sardas no rosto.)

"*Paiê*! Por aqui! *Me empurra!*" (Um berro de um menino que correu direto para o balanço usando um boné do Boston Red Sox.)

Ouvi pedidos: "Papai, Tommy pode vir para casa comigo? A mãe dele está viajando a trabalho, e ele não quer sair com a irmã mais velha porque ela não vai deixá-lo assistir à televisão e o fará comer..." (A boca do menino era um hidrante estourado. As palavras não paravam de jorrar.)

Ouvi perguntas: "Estamos indo para casa?" E vi empolgação: "Papai! Veja o que eu fiz!"

Aqui está o que eu não ouvi: "Pai, é muita gentileza tua dirigir teu carro ao meu local de ensino e prover-me o transporte doméstico. Por favor, saibas de minha profunda gratidão por tua benevolência. Pois tu és esplêndido em teu cuidado, atencioso e diligente em tua dedicação."

Não ouvi formalidade ou vocabulário impressionante. Ouvi crianças que estavam contentes de verem seus pais e ansiosas por conversar.

Deus nos convida a nos aproximar dele da mesma maneira. Que alívio! Nós, os bananas da oração, tememos orar de forma errada. Quais são as etiquetas e regras de vestimenta esperadas da oração? E se nos ajoelhássemos em vez de ficarmos em pé? E se falássemos as palavras erradas ou usássemos o tom errado? Sou um apóstata se eu disser "próstata" em vez de "prostrar-se"?

A resposta de Jesus? "Eu lhes asseguro que, a não ser que vocês se convertam e se tornem como crianças, jamais entrarão no Reino dos céus" (Mateus 18:3). *Tornem-se como crianças.* Sem preocupações. Cheios de alegria. Brincalhões. Confiantes. Curiosos. Empolgados. Esqueçam a grandeza; busquem a pequeneza. Confiem mais, orgulhem-se menos. Façam muitos pedidos e aceitem todos os presentes. Venham para Deus assim como uma criança vem para o papai.

Papai. O termo mira em nosso orgulho. Outras saudações permitem um ar de sofisticação. Como pastor, sei bem como é. Aumentar o tom da voz e fazer uma pausa para um efeito dramático: "Oh, Santo Senhor..." Deixo que as palavras ressoem por todo o universo enquanto eu, o pontífice do pedido, pontifico minha oração.

"Deus, tu és meu Rei, e eu sou teu príncipe."

"Deus, tu és o Mestre, e eu sou teu trovador."

"Deus, tu és o Presidente, e eu sou teu Embaixador."

Mas Deus prefere esta saudação: "Deus, você é o meu Papai, e eu sou seu filho."

Eis o porquê: é difícil exibir-se e chamar Deus de "Papai" ao mesmo tempo. Na verdade, é impossível. Talvez esse seja o xis da questão. Em todos os lugares, Jesus dá esta instrução: "E quando vocês orarem, não sejam como os hipócritas. Eles gostam de ficar orando em pé nas sinagogas e nas esquinas, a fim de serem vistos pelos outros. Eu lhes asseguro que eles já receberam sua plena recompensa" (Mateus 6:5).

> *Esqueçam a grandeza; busquem a pequeneza. Confiem mais, orgulhem-se menos. Façam muitos pedidos e aceitem todos os presentes. Venham para Deus assim como uma criança vem para o papai.*

É difícil exibir-se e chamar Deus de "Papai" ao mesmo tempo. Na verdade, é impossível. Talvez esse seja o xis da questão.

Os líderes religiosos amavam (e ainda amam) fazer um teatro em cima de suas orações. Eles empoleiravam-se nas esquinas e praticavam uma religiosidade pública. Esse espetáculo causava náuseas em Jesus.

"Mas quando você orar, vá para seu quarto, feche a porta e ore a seu Pai, que está no secreto. Então seu Pai, que vê no secreto, o recompensará" (Mateus 6:6).

Certamente, as palavras chocavam o público de Jesus. Presumiam que a oração fosse reservada às pessoas especiais, em um local especial. Deus encontrava-se com o sacerdote no templo, atrás do véu, no Santo dos Santos. A população era composta por simples agricultores e pedreiros. Gente do campo e de toda parte. Eles não podiam entrar no templo. Mas eles podiam entrar em seus quartos.

"Vá para seu quarto, feche a porta..." Na cultura palestina, era bem provável que o quarto fosse um depósito. Ele guardava ferramentas, sementes e suprimentos agrícolas. Até uma galinha podia vaguear ali. Não havia nada de santo nele. Nada de santo em relação a ele. Era a sala de trabalho do dia a dia.[2]

E ainda é. Meu quarto não tem acessórios luxuosos ou uma mobília impressionante. Ele tem uma sapateira, um cesto de roupa suja, cabides e gavetas para as meias e as cuecas.

Não entretenho meus convidados em meu quarto. Você jamais irá ouvir-me dizer às visitas após o jantar: "Por que não entramos no quarto para bater um papo?" Denalyn e eu preferimos a sala ou o escritório. Pelo visto, Deus gosta de conversar no quarto.

O objetivo? Ele não gosta de luxo, e sim de acessibilidade. Orar no Vaticano pode ser significativo. Mas as orações feitas em casa têm tanto peso quanto as orações feitas em Roma. Viaje até o Muro das Lamentações

> *Pelo visto, Deus gosta de conversar no quarto. O objetivo? Ele não gosta de luxo, e sim de acessibilidade.*

se quiser. Porém, a oração feita junto à cerca do seu quintal é tão eficaz quanto a outra. Aquele que ouve suas orações é o seu Papai. Você não precisa encantá-lo com o lugar. Ou atraí-lo com grande eloquência. Jesus continuou: "E quando orarem, não fiquem sempre repetindo a mesma coisa, como fazem os pagãos. Eles pensam que por muito falarem serão ouvidos. Não sejam iguais a eles, porque o seu Pai sabe do que vocês precisam, antes mesmo de o pedirem" (Mateus 6:7-8).

Jesus minimizou a importância das palavras na oração. Temos a tendência de fazer o oposto. Quanto mais palavras, melhor. Quanto *mais palavras bo-*

nitas, melhor. As orações muçulmanas, por mais impressionantes que sejam, devem ser apropriadamente recitadas cinco vezes ao dia. As orações hindus e budistas, por mais profundas que sejam, dependem da repetição dos mantras, das palavras e das sílabas. Até mesmo as ramificações da fé cristã enfatizam a linguagem mais apropriada da oração, a última moda da oração, a terminologia mais santa da oração. Contra toda essa ênfase nas sílabas e rituais, Jesus diz: "[...] não fiquem sempre repetindo a mesma coisa, como fazem os pagãos".

O vocabulário e a geografia podem impressionar as pessoas, mas não a Deus. Não existe um júri angelical com cartões de pontos. "Uau, Lucado, essa oração merece um dez. Certamente, Deus irá ouvi-lo!" "Oh, Lucado, você alcançou um dois esta manhã. Vá para casa e pratique!" As orações não são classificadas de acordo com o estilo.

> *Assim como uma criança feliz não pode deixar de abraçar, o coração sincero não pode deixar de orar.*

Assim como uma criança feliz não pode deixar de abraçar, o coração sincero não pode deixar de orar. O céu sabe que a vida já tem fardos suficientes sem o fardo de orar da maneira correta. Se a oração depender de como eu oro, estou perdido. Entretanto, se o poder da oração depender daquele que ouve a oração, se aquele que ouve a oração é o meu Papai, então eu tenho esperança.

A oração é realmente algo simples. Resista ao impulso de complicá-la. Não se orgulhe de orações bem elaboradas. Não se desculpe por orações incoerentes. Sem jogos. Sem pretextos. Apenas seja sincero — sincero com Deus. Suba em seu colo. Conte-lhe tudo o que está em seu coração. Ou não lhe diga nada. Apenas eleve seu coração e declare, *Pai... Papai...*

Às vezes, "papai" é tudo o que podemos dizer. Estresse. Medo. Culpa. Sofrimento. Exigências de todos os lados. Tudo que podemos dizer é um lamentoso "Oh, Pai". Se sim, isso é suficiente. Assim foi para minha filha. Jenna pronunciou apenas duas palavras, e eu a envolvi em meus braços. Seu Pai celestial fará o mesmo.

> *Se a oração depender de como eu oro, estou perdido. Entretanto, se o poder da oração depender daquele que ouve a oração, se aquele que ouve a oração é o meu Papai, então eu tenho esperança.*

Capítulo 3

Tu és bom

Quando embarquei em um avião semana passada, o piloto chamou meu nome. Ele estava em pé na entrada da cabine, cumprimentando os passageiros. "Oi, Max, tudo bem?" Olhei para cima. Era meu amigo Joe. Meu *velho* amigo. Ele é o Matusalém das linhas aéreas. Ele viaja desde sempre. Transportava veículos no Vietnã e já encheu um livro de horas como piloto comercial. Já enfrentou todos os tipos de crises de voo, desde tempestades a tanques de combustível vazios. Ele é um bom piloto.

E ele é um amigo, um *bom* amigo. Ele não é meu vizinho, mas se fosse, o valor da nossa propriedade aumentaria. Se eu estivesse no hospital, ele estaria de vigia na cabeceira. Se eu estivesse de férias, ele cuidaria do meu cão. Se eu o ofendesse, ele ficaria calmo até que pudéssemos conversar. Ele não podia mais contar uma mentira, assim como um mosquito não podia cantar o hino nacional. Ele nunca xinga, fica bêbado, rouba, nem trapaceia. Ele é bom mesmo.

Ele é bom — bom nas habilidades e bom de coração.

Conversamos por alguns minutos, e fui para meu assento com uma sensação de segurança. *Que mais posso pedir? Pensei. O piloto é experiente e consagrado. Além disso, ele é meu amigo testado e aprovado. Estou em boas mãos.*

O conhecimento foi uma mão na roda. Depois de uma hora de voo, enfrentamos muitos ventos. As pessoas prenderam a respiração, os dentes batiam, e a comissária disse para verificarmos nosso cinto de segurança e os terços. Já andei em montanhas-russas mais tranquilas. Diferentemente dos outros passageiros, entretanto, eu estava calmo. Não tinha um último desejo antes de morrer, mas eu tinha uma vantagem. Conhecia o piloto. Conhecia Joe. Conhecia seu íntimo e confiava em sua competência. *Joe pode lidar com isso*, disse a mim mesmo. A tempestade era péssima, mas o piloto era muito bom. Tão bom que qualquer um pode relaxar em uma tempestade, então relaxei.

Meu amigo, existe um mundo tempestuoso lá fora. Todos os dias surgem turbulências. Economia oscilante. Corpos envelhecidos. Mercado de trabalho em declínio. O aumento da violência nas ruas.

A pergunta nesses momentos turbulentos é esta: Temos um bom piloto?

A resposta que ressoa da Bíblia é sim!

"[...] pois tu, SENHOR, és bom" (Salmos 25:7).

"Bom e justo é o SENHOR" (Salmos 25:8).

"Tu és bondoso e perdoador, Senhor" (Salmos 86:5).

Bom nas habilidades e bom de coração.

Muitos sofrem de uma mentalidade pequena a respeito de Deus. Em um esforço de vê-lo como amigo, perdemos sua imensidão. Em nosso desejo de conhecê-lo, temos buscado limitá-lo. O Deus da Bíblia não pode ser limitado. Ele trouxe ordem do caos e fez a criação. Com uma palavra, chamou Adão do barro e Eva de uma costela. Ele não consultou um comitê. Não buscou conselhos.

Ele não tem colega do mesmo nível. "Eu sou Deus, e não há nenhum outro; eu sou Deus, e não há nenhum como eu" (Isaías 46:9). Os grandes reis renderam suas coroas. Alexandre, o Grande, é um monte de cinzas em um túmulo. A rainha da Inglaterra é chamada de sua majestade; por outro lado, ela ainda tem de se alimentar, tomar banho e descansar. A verdadeira majestade, por outro lado, jamais sente fome. Nunca adormece. Nunca precisou de ajuda ou atenção.

Do menor micróbio à montanha mais imponente, "sustentando todas as coisas por sua palavra poderosa" (Hebreus 1:3).

Tudo és bom 39

Ele tem autoridade sobre o mundo e...

Ele tem autoridade sobre o *seu* mundo. Sobre o seu sono. Os seus hábitos alimentares. O seu salário. O tráfego da viagem diária. A artrite em suas juntas. Deus reina sobre tudo isso. Ele jamais fica surpreso. Ele nunca, jamais pronunciou a frase: "Como isso aconteceu?"

O poder de Deus é inigualável.

E seu coração é imaculado. "Toda boa dádiva e todo dom perfeito vêm do alto, descendo do Pai das luzes, que não muda como sombras inconstantes" (Tiago 1:17). Ele não tem interesses próprios ou motivos egoístas. Ele ama com um amor benigno e perdoa com um perdão benéfico. *Bom* no sentido "belo, beneficente, bondoso".[1]

> *Se Deus fosse somente poderoso, iríamos saudá-lo. Mas, já que ele é misericordioso e poderoso, podemos chegar perto dele.*

A bondade de Deus é o maior destaque na Bíblia. Acho que sei o porquê. Se Deus fosse somente poderoso, iríamos saudá-lo. Mas, já que ele é misericordioso e poderoso, podemos chegar perto dele. Não é de se admirar que o salmista convidou, "provem, e vejam como o SENHOR é bom" (Salmos 34:8). Um vislumbre da bondade do Senhor nos transforma.

A bondade incomparável de Deus reforça tudo o que podemos dizer a respeito da oração. Se ele é como nós, só um pouco mais forte do que nós, então por que oramos? Se ele fica cansado, então por que orar? Se ele tem limitações, perguntas e hesitações, então você pode também orar para o Mágico de Oz.

> *Se Deus é, ao mesmo tempo, Pai e Criador, Santo — diferente de nós — e superior a nós, então estamos, seja qual for o lugar, apenas à distância de uma oração do socorro.*

Entretanto, se Deus é, ao mesmo tempo, Pai e Criador, Santo — diferente de nós — e superior a nós, então estamos, seja qual for o lugar, apenas a distância de uma oração do socorro.

Quando eu tinha quinze anos, herdei um carro Rambler do meu irmão mais velho. Consulte a palavra *calhambeque* no dicionário, e você pode ver uma figura do carro. Pintura desbotada, câmbio com coluna e interior corroídos. Não havia muito o que apreciar ali, mas era meu.

Meu irmão estava partindo para a universidade dentro de seu presente de graduação, um carro Plymounth usado. E me foi confiado o Rambler. Lembro-me da entrega das chaves:

— Você tem que colocar gasolina no tanque — aconselhou papai.

— Eu sei.

— Calibrar os pneus.

— Eu sei.

— Consegue trocar o óleo e manter o carro limpo?

— Claro que consigo — menti.

Verdade seja dita, não sei a diferença entre um coletor automotivo e um limpador de para-brisa. O que era estranho, uma vez que meu pai era mecânico. Ele ganhava a vida consertando motores. E seu *hobby* era consertar motores de carros. Ele trabalhava com as máquinas assim como Monet trabalhava com as cores: diariamente e com muita alegria. Ele tentou me ensinar o ofício, e eu tentei aprender, mas quando se trata de máquinas, meu cérebro era como o Teflon. Nada grudava nele.

Mas eu não ia contar isso para meu pai.

Minha inaptidão apareceu no sábado. Papai lembrou-me de que era hora de trocar o óleo do Rambler.

— Você sabe como fazer?

— Sim — respondi.

— Quer que eu ajude?

Deveria ter dito que sim.

Gastei uma hora embaixo do carro procurando o cárter de óleo e mais uma hora lutando com o bujão. Por fim, o removi, drenei o óleo, escoei e enchi com quase seis litros novos. Finalmente terminei.

Assim eu pensei. Papai estava esperando por mim na garagem.

— Tudo certo?

— Tudo certo.

— Tem certeza?

— Sim, senhor.

— Então, o que é aquilo?

Ele apontou para um rio de óleo escorrendo pela entrada da garagem — óleo limpo. Tinha me esquecido de rosquear o bujão no cárter.

— Max — disse ele —, precisamos conversar. — Ele me fez subir em sua picape. Abriu a porta e mostrou-me as ferramentas. Começou a descrever a função de cada uma. — Uso esta para remover válvulas; esta daqui para apertar os engates; esta para anexar mangueiras; esta daqui...

Ele mostrou como cada ferramenta funcionava em sua picape. Depois do que pareceu ser uma hora de "mostrar-e-explicar", fechou a porta, trancou-a e olhou-me bem nos olhos.

— Filho — disse ele —, conserto as coisas para ganhar a vida. O que é difícil para você é fácil para mim. Posso não ser bom em tudo, mas sou bom com as máquinas. Deixe-me ajudá-lo. Sou um mecânico. E, além disso, sou seu pai.

Jamais derramei outra gota de óleo. (Claro, agora eu pago o rapaz da loja de lubrificantes para fazer o trabalho.)

Eis o que eu penso: nossos desafios mais difíceis são simples trocas de óleo para Deus.

Outra coisa que eu penso: muitos de nós fazemos bagunças desnecessárias.

> *Antes de enfrentar o mundo, enfrente seu Pai.*

Mas podemos mudar isso.

Posso dar uma sugestão? Antes de enfrentar o mundo, enfrente seu Pai.

Eis como funciona: é uma segunda-feira de manhã. O despertador faz jus ao nome. *Trim! Trim! Trim!* Você resmunga, rola para o lado e se senta. Antigamente, você teria feito o café, ligado a televisão para ver as notícias e começado o dia com um resumo informativo dos problemas tóxicos no mundo.

Mas hoje você busca a oração de bolso. Ainda meio adormecido, toma seu café, se move pesadamente para a cadeira e se senta. Você não parece um ser humano: um rosto de travesseiro amassado, cabelo desgrenhado. Seja lá como for. Você não veio para olhar para si mesmo. Você veio para olhar para Deus.

Pai, meu Papai... As palavras surgem devagar no começo. Mas você insiste. *Tu és bom, teu coração é bom. Teus caminhos são retos...* As palavras mexem com você. Algo lá dentro começa a despertar. *O tempo está ruim, a economia está péssima, mas tu és tremendo.*

Não subestime o poder desse momento. Você acabou de abrir a porta para Deus e deu boas-vindas para a verdade entrar em seu coração. A fé entrou de mansinho enquanto o desespero estava cochilando.

Quem sabe, você pode começar a adorar.

Pai, tu és bom. Bom o suficiente para me amar, importar-se comigo e vir até mim. Tu és bom! Uma erguida de sobrancelha e um milhão de anjos irão se prostrar. Cada trono humano é o escabelo do teu trono. Cada coroa é como um papel machê perto de tua coroa. Tu não tens perguntas, segundas intenções e não olhas para trás. Não consultas nenhum relógio. Não tens nenhum calendário. Não presta contas para ninguém. Tu és bom!

O seu mundo está diferente porque você orou? De certo modo, não. As guerras ainda prosseguem violentamente, o trânsito ainda engarrafa e os corações partidos ainda vagam pelo planeta. Mas você está diferente. Você tem paz. Você passou tempo com o piloto. E o piloto está à altura da tarefa.

Meu amigo Joe, do caso anterior, fez a gente atravessar bem a tempestade. Ele aterrissou o avião e ficou em pé na porta da cabine enquanto desembarcávamos.

— Você pegou um céu agitado lá, Joe — comentei.

— Pois é — concordou ele. — Ficou com medo?

— Não muito — respondi. — Tudo muda quando conhecemos o piloto.

Capítulo 4

Preciso de ajuda

Você quer ver o rosto do seu pai ficar pálido? Quer ouvir o suspiro de uma mãe? Então, fique perto enquanto eles acham estas três palavras na caixa de um brinquedo recém-comprado: "Manual de instruções."

O que os pais queriam era um brinquedo para a criança. O que conseguiram foi um projeto — às vezes um projeto para o resto da vida. Eles reclamam, resmungam e se perguntam se vale a pena. Buscam as pequenas ferramentas: uma chave de fenda, um martelo e um caminhão de solda. O que vem depois são várias horas noite adentro encaixando A no B, aparafusando D no F, colocando R em cima do Z, e esperando que ninguém perceba que os passos quatro, cinco e seis foram pulados totalmente.

Estou convicto de que o diabo habita nos detalhes da montagem do brinquedo. O inferno libera Minions pequenininhos no local de trabalho dos pais desavisados, assim os diabinhos podem fugir com os suportes, os parafusos e as roscas. Em algum lugar da perdição, existe um depósito de peças de brinquedos roubadas.

"Manual de instruções." Não é uma expressão bem-vinda, mas é honesta. Os contratos de casamento deveriam incluir as palavras "Manual de instruções" em letras maiúsculas. Os contratos de trabalho deveriam estipular em negrito "Manual de instruções". Os bebês deviam sair do útero com uma etiqueta no dedão do pé: "Manual de instruções."

A vida é um presente, embora ele venha desmontado. Ele vem em pedaços e, às vezes, se despedaça. A peça A nem sempre se encaixa com a peça B. O esforço é muito grande para a força. Inevitavelmente, parece que algo está faltando. Os pedaços da vida não se encaixam. Quando isso acontece, leve o seu problema para Jesus.

Maria, a mãe de Jesus, levou o dela. "No terceiro dia houve um casamento em Caná da Galileia. A mãe de Jesus estava ali; Jesus e seus discípulos também haviam sido convidados para o casamento" (João 2:1-2).

Um casamento comum. A noiva não era filha de um imperador. O noivo não era um príncipe. Se não fosse por um detalhe, o acontecimento teria desaparecido no tempo. A lista de convidados. Estava escrito algo assim:

- Benjamim de Cafarnaum
- Simão, o artesão
- Saul, rabino de Caná

E mais abaixo na lista:

- Jesus de Nazaré

A família convidou Jesus para o casamento. Uma vez que ele sempre vai aonde é convidado, Jesus e seus discípulos viajaram para Caná em sua primeira viagem. Enquanto estavam lá, a festa do casamento "ficou sem vinho" (v.3). Alguém subestimou o tamanho da multidão, ou o apetite dos convidados, ou a profundidade do tonel, ou o número de amigos que Jesus traria. Como consequência, os noivos ficaram sem vinho. No seu caso, o departamento ficou sem dinheiro, o time ficou sem soluções ou você ficou sem energia. Contratempos da vida.

Entra em cena, à direita do palco, Maria, a mãe de Jesus. Para mim, ela aparece muito raramente nas Escrituras. Afinal, quem conhecia Jesus melhor do que ela? Ela o carregou durante nove meses. Amamentou-o por mais certo tempo. Ela ouviu suas primeiras palavras e testemunhou os primeiros passos. Ela era a autoridade absoluta sobre Jesus. Então, nessa ocasião rara, ela fala, e nós ficamos animados. "[...] a mãe de Jesus lhe disse: 'Eles não têm mais vinho'" (v.3).

Maria não era mandona. Ela não disse: "Jesus, eles estão sem vinho, olha só o que preciso que você faça. Desça até o bosque ao lado, acelere o crescimento de algumas uvas de Bordeaux e as transforme em vinho." Ela não tentou resolver o problema por si mesma.

Ela não era crítica. "Se eles tivessem planejado melhor, Jesus. As pessoas não pensam no futuro. Onde a sociedade vai parar? O mundo está descendo ladeira abaixo! Socorro, Jesus, socorro!" Ela não culpou o anfitrião.

Ela não culpou Jesus. "Que tipo de Messias você é? Se você estivesse realmente no controle, isso jamais teria acontecido!"

Muito menos se culpou. "É minha culpa, Jesus. Castigue-me. Falhei como amiga. Agora, o casamento está arruinado. O casamento irá ruir. Eu sou a culpada."

Nada disso. Maria não resmungou sobre o vinho. Ela apenas relatou o problema.

Respondeu Jesus: "Que temos nós em comum, mulher? A minha hora ainda não chegou." Sua mãe disse aos serviçais: "Façam tudo o que ele lhes mandar" (vv. 4-5).

A princípio, Jesus não tinha a intenção de salvar o banquete de casamento. Essa não era a forma ou o lugar em que ele tinha planejado revelar seu poder. Mas então Maria entrou na história — Maria, alguém que ele amava — com uma necessidade genuína.

Em minha imaginação, vejo Maria virar-se e ir embora. Seu rosto está sereno. Seus olhos refletem calma. Ela está tranquila. Ela tinha feito tudo o que se podia fazer. Ela identificou o problema, trouxe-o para Jesus, e o deixou com ele. Ela confiava nele totalmente. Ela disse aos serviçais: "O que ele disser, está tudo bem para mim."

Em minha mente, vejo Jesus sorrindo. Ouço-o rir. Ele eleva os olhos ao céu por um instante e então olha para um amontoado de seis cântaros ao lado.

> *"Disse Jesus aos serviçais: 'Encham os potes com água.' E os encheram até a borda. Então lhes disse: 'Agora, levem um pouco ao encarregado da festa.' Eles assim fizeram"* (vv. 7-8).

O mestre do banquete provou o vinho, lambeu os lábios e disse: "Isso é coisa boa!" Então ele levantou o copo em um brinde ao noivo e o elogiou por guardar o melhor vinho para o fim.

Enquanto o mestre do banquete notava a qualidade do vinho, João quer que observemos a quantidade. Seis jarros de pedra capazes de conter 113 litros cada um. Os serviçais encheram até a borda (v.7). Sob a ordem de Jesus, H_2O transformou-se em Merlot abundante. Um cálculo rápido revela a quantidade: 908 garrafas de vinho! O casal podia ter iniciado um negócio em Napa Valley.

Problema apresentado. Oração atendida. Crise evitada. Tudo porque Maria confiou o problema a Jesus.

Existe outra versão dessa história. Nessa versão, Maria jamais envolveu Jesus. Ela culpou o mestre do banquete pelo planejamento ruim. Ele não concordou com as acusações dela. Maria saiu da festa enfurecida. O noivo ouviu por acaso a discussão e perdeu a calma. A noiva falou para o noivo esquecer o casamento. Se ele não podia administrar sua raiva, certamente não podia administrar um lar. No final do dia, os convidados partiram tristes, o casamento acabou antes mesmo de começar, e Jesus balançou a cabeça e disse: "Eu podia ter ajudado se alguém tivesse pedido."

Essa versão da história não está na Bíblia, mas certamente o princípio existe em vida. Podemos só imaginar: quantos desastres seriam evitados se fôssemos primeiro, com fé, até Jesus?

> *Quantos desastres seriam evitados se fôssemos primeiro, com fé, até Jesus?*

A cartada final é clara: *leve os seus problemas para Jesus.* Não leve os seus problemas para o bar. Johnnie Walker não consegue resolvê-los. Não desconte seus problemas nos outros. As explosões de raiva nunca adiantam. No momento que perceber um problema, seja ele grande ou pequeno, leve-o para Jesus.

"Max, se eu levar meus problemas para Jesus toda vez, estarei conversando com Jesus o dia inteiro!" (Agora você está entendendo o xis da questão.)

Não andem ansiosos por coisa alguma, mas em tudo, pela oração e súplicas, e com ação de graças, apresentem seus pedidos a Deus. E a paz de Deus, que excede todo o entendimento, guardará o coração e a mente de vocês em Cristo Jesus (Filipenses 4:6-7).

Um problema que não foi abordado em oração é um espinho cravado na pele. Ele inflama e infecciona — primeiro o dedo, depois a mão, e então o braço inteiro. Melhor ir direto para quem tem as pinças.

Posso compartilhar um momento em que fiz isso? Duas de nossas três filhas nasceram no Brasil. Logo depois que trouxemos Jenna do hospital para casa, recebemos uma surpresa. Uma alta conta de hospital. Nossa companhia de seguro dos Estados Unidos não iria pagar as despesas médicas. Até hoje não entendi a questão. Por mais que eu suplicasse, explicasse ou persuadisse, a companhia de seguro dizia, "Não vamos pagar." Enquanto isso, o hospital dizia, "Você tem de pagar."

A conta era de 2.500 dólares. Verifiquei nosso saldo. Tínhamos um total de 2.500 dólares. A boa notícia: pagamos a conta. A má notícia: ficamos quebrados.

Naquela fase da minha vida, estava aprendendo muito sobre confiança. Vários versículos tinham sido promessas para mim, entre eles: "Não andem ansiosos por coisa alguma, mas em tudo, pela oração e súplicas, e com ação de graças, apresentem seus pedidos a Deus" (Filipenses 4:6).

Eu era um novato na vida sem ansiedade, mas decidi tentar. Tratei cada pensamento ansioso — e tinha muitos — com oração. *Senhor, com sua ajuda não ficarei ansioso. Mas estou em um país estrangeiro com um bebê recém-nascido e uma conta bancária vazia. Socorro, socorro.*

Deus entendeu o recado. Um convite para uma ministração apareceu em meu caminho. Uma igreja pagou meu voo para a Flórida para ministrar em um retiro. Foi a única oportunidade que surgiu durante nossos cinco anos no Rio de Janeiro. Quando eu estava deixando a igreja para voltar ao aeroporto, um cavalheiro entregou-me um envelope. Ele queria abençoar a obra. Tais presentes eram comuns. As pessoas sempre nos davam 50 ou 75 dólares. Agradeci e guardei em meu bolso.

Quando o avião decolou, abri-o. Dentro havia um cheque de 2.500 dólares! Exatamente a quantia que precisávamos para compensar o que tínhamos perdido. Aquele momento foi marcante para mim. Deus cumpre sua palavra. Só precisamos pedir.

> *Deus cumpre sua palavra. Só precisamos pedir.*

Para você, com o que isso se parece? Imagine a cena: é hora do café da manhã, e a família está um caos. As filhas estão reclamando do irmão que gastou muito tempo no banheiro. Ou seja, o cabelo delas não está penteado e elas não estão usando maquiagem. A mãe está dando o seu melhor para resolver o conflito, mas ela acordou com dor de cabeça e com uma lista longa de coisas para fazer. O relógio está fazendo tique-taque como uma bomba-relógio e, cada vez mais perto daquele momento quando, *boom!* É hora de ir. O pai para na entrada da cozinha e examina o pandemônio. Ele avalia suas opções:

o Ordena a todos que se recomponham e se comportem.
o Repreende o filho por tomar conta do banheiro, as filhas pelo mau planejamento e a esposa por não conseguir controlar as coisas.
o Vai embora de mansinho antes que alguém perceba.

Ou ele podia correr para a oração de bolso. *Pai, tu és bom. Preciso de ajuda. Reduza o frenesi em minha casa, por favor.* A oração mudará tudo? Talvez. Ou você pode fazer mais uma oração, ou duas, ou dez. Pelo menos, o problema estará nas mãos daquele que pode resolvê-lo: "Lancem sobre ele toda a sua ansiedade, porque ele tem cuidado de vocês" (1Pedro 5:7).

Preciso de ajuda 57

Alguns anos atrás, a esposa do Pastor Dale Galloway pediu o divórcio. Ele ficou desolado. Ele disse que os dias que seguiram foram "piores do que a morte". Em seus momentos sombrios, ele fez uma oração: *preciso de ajuda.*

Fiz o que chamo de "entregue e deixe Deus agir". Juntei minhas mãos em forma de concha, levantei-as e verbalmente coloquei dentro delas tudo com o que eu estava preocupado e não tinha nenhuma solução. Disse em voz alta enquanto erguia minhas mãos: "Aqui está, Deus; não posso mudar as coisas, não sei o que fazer com isso, é tudo tão inaceitável para mim... Tenho lutado com isso. Simplesmente não sei o que fazer. Aqui está, Senhor, entrego tudo a ti." Assim que abaixei os braços, uma sensação maravilhosa de serenidade espalhou-se por todo o meu ser. Agora eu tinha paz em meio à tormenta.[2]

A maioria de nós pode levar os problemas para Cristo, mas deixá-los para lá? Para sempre? Com fé? Mais uma vez, vamos deixar Maria ser o nosso exemplo. Ela levou o problema para o Senhor, e deixou o problema para lá. "Façam tudo o que

> *Resista ao impulso de pegar de volta o problema uma vez que você desistiu dele.*

ele lhes mandar." Resista ao impulso de pegar de volta o problema uma vez que você desistiu dele.

Helen Roseveare era uma médica missionária que passou vinte anos no Congo em uma clínica e um orfanato. Quando Helen completou quatro anos de estada lá, uma mãe morreu em trabalho de parto, deixando um bebê prematuro e uma menina de dois anos. As instalações não tinham incubadora ou energia elétrica. A primeira tarefa da dra. Roseveare foi manter o recém-nascido aquecido. A enfermeira voltou com más notícias: a bolsa de água quente queimou quando ela a encheu. Pior ainda, era a última bolsa de água quente. A dra. Roseveare instruiu a parteira a dormir junto ao recém-nascido. Eles buscariam uma solução no dia seguinte.

Tal solução não foi facilmente encontrada. A clínica ficava no coração da floresta. A ajuda estava a muitos quilômetros de distância. A vida do bebezinho estava em perigo. Na noite seguinte, a doutora mencionou sua preocupação com a criança. Ela contou-lhes sobre o bebê frágil e a irmãzinha triste. E eles oraram.

Uma menina de dez anos de idade chamada Ruth decidiu por si mesma levar o problema para Jesus. "Por favor, Deus, envia-nos uma bolsa de água quente. Amanhã não será bom, pois o bebê estará morto; por favor, envie nesta tarde. E, uma vez que tu te importas, poderias, por favor, enviar

Preciso de ajuda 59

uma boneca para a menininha, assim ela saberá que tu a amas de verdade?"

A doutora ficou chocada. Aquela oração só poderia ser atendida com a chegada de um pacote dos Estados Unidos. Depois de quase quatro anos na clínica, ela jamais tinha recebido um embrulho sequer. Mesmo se uma encomenda chegasse, quem enviaria uma bolsa de água quente para o Equador?

Alguém enviou. Horas depois, naquela tarde, um pacote de quase dez quilos foi entregue na porta de Helen. Enquanto ela chamava as crianças, sentia as lágrimas em seus olhos. Seria possível? Eles tiraram o cordão e desembrulharam o pacote. Dentro da caixa, encontraram curativos, suéteres, uvas passas escuras e brancas e uma bolsa de água quente novinha em folha. E no fundo da caixa, uma boneca para a menininha. O pacote havia sido enviado de navio cinco meses antes. O Senhor ouvira a oração antes mesmo de ela ter sido feita.[3]

As partes não se encaixam. Falta vinho. Bolsas de água quente queimam. Esses são os fatos da vida. Mas Jesus responde com este convite: "Traga os seus problemas para mim." Pronuncie-os simplesmente. Apresente-os com fé, e confie nele com reverência. O estranho será que você estará erguendo uma taça e propondo um brinde antes mesmo que perceba.

Capítulo 5

Cura-me

A filha de um homem que estava morrendo escreveu essas palavras em seu diário: "Papai não consegue mais amarrar os próprios sapatos... Papai não consegue mais assinar o nome. Papai quebrou a clavícula e parou de trabalhar."

A esclerose lateral amiotrófica (ELA) estava sugando os músculos dele. A menina registrava o avanço da doença: "Papai levou um tombo no estacionamento e teve de esperar no chão até que alguém o levantasse... Papai não consegue mais comer seu cereal no café da manhã. Papai não consegue mais nos abraçar... Papai tem dificuldade de engolir o purê de ervilhas... Papai não consegue mais manter a cabeça erguida."

Após sete anos de deterioração, finalmente ela escreveu: "Estou deitada ao lado de papai enquanto ele está sentado na cadeira, esforçando-se para respirar. Oro por paz. Limpo o nariz dele. Esfrego seus ombros. Vejo papai olhar para o céu e dar seu último e silencioso suspiro... O Senhor é o nosso pastor."

A família escolheu dois versículos bíblicos para o comunicado do funeral. De um lado: "O Senhor é o meu pastor; de nada terei falta" (Salmos 23:1). Do outro lado: "Meu Deus! Meu Deus! Por que me abandonaste?" (Salmos 22:1). A primeira passagem é do Salmo 23, e a outra, Salmo 22. Em minha Bíblia, posso ver as duas passagens na mesma abertura de página.

Em tempos de enfermidade, podemos ouvir ambas as orações do mesmo coração. Nosso coração dói e as emoções oscilam. Por mais que tentemos comer direito, dormir mais e resistir, os cães do desgaste e das lágrimas mordiscam de leve nosso calcanhar. Às vezes, eles dão uma mordida. Câncer, enfarto, depressão, demência. Nada mais dobra nosso joelho para pedir o socorro de Deus do que uma crise de saúde. Precisamos do Senhor para nos pastorear durante a doença.

"Mas ele irá pastorear?" Questionamos silenciosamente. "Irá?" Exigimos verbalmente. "Meu Deus, meu Deus... Por quê?" Vemos pessoas boas, de oração, em cadeiras de rodas ou se afundando na doença. Vemos gente que é o sal da terra sendo destruído no auge da vida. Vemos os malfeitores tendo

64 *Antes de dizer amém*

uma vida longa. "Você me abandonou?" Como explicamos o *porquê* e o *quando* da cura divina?

Podemos começar em Jericó:

> Ao saírem de Jericó, uma grande multidão seguiu Jesus.
>
> Dois cegos estavam sentados à beira do caminho e, quando ouviram falar que Jesus estava passando, puseram-se a gritar: "Senhor, Filho de Davi, tem misericórdia de nós!"
>
> A multidão os repreendeu para que ficassem quietos, mas eles gritavam ainda mais: "Senhor, Filho de Davi, tem misericórdia de nós!"
>
> Jesus, parando, chamou-os e perguntou-lhes: "O que vocês querem que eu lhes faça?"
>
> Responderam eles: "Senhor, queremos que se abram os nossos olhos."
>
> Jesus teve compaixão deles e tocou nos olhos deles. Imediatamente eles recuperaram a visão e o seguiram (Mateus 20:29-34).

A popularidade de Jesus estava em alta. Três anos alimentando, curando e ensinando tinham elevado o Senhor ao nível de uma estrela do rock. As pessoas amavam-no. Ele ficava diante das autoridades. Chamava os cadáveres e dava ordens. Ele era um trabalhador, tinha um grande coração e era um herói da cidade natal. Ele era um Martin Luther

King Jr., um Dwight Eisenhower e um Abraham Lincoln de uma só vez.

A multidão o estava escoltando para Jerusalém a fim de celebrarem a Páscoa. Eles conversavam, riam e cantavam músicas alegres. De um canto, ouviram este clamor: "Senhor, Filho de Davi, tem misericórdia de nós!" A multidão virou-se e olhou para os dois cegos. Olhares vagos, vestes esfarrapadas e peles enrugadas pelo sol. Lamentável. O povo falou para calarem a boca. Aquilo era uma marcha da vitória, um dia de triunfo. Jesus estava em uma missão importante. O povo teria deixado os dois cegos à beira da estrada.

Parece familiar? As aflições podem deixar de lado o sofredor. Todos os outros têm um lugar no desfile. Você se juntaria à multidão apenas se o tumor parasse de crescer ou a atrofia parasse de aumentar. Você tem mudanças de humor tão bruscas e selvagens como o tempo em Londres. E perguntou a si mesmo: *O que vou fazer com essa doença?*

Como Maria, os dois cegos trouxeram o problema para Jesus. "[...] eles gritavam ainda mais: 'Senhor, Filho de Davi, tem misericórdia de nós!'" Eles não pediram a Pedro ou a João. Eles não pediram aos discípulos ou aos seguidores. Eles foram direto ao mestre. Eles clamaram para Jesus. Pessoalmente, com persistência e paixão. *Preciso de ajuda. Cura-me.*

Aqui está o porquê de você precisar fazer o mesmo. O objetivo de Deus para sua vida é a plenitude. "Que o próprio Deus da paz os santifique inteiramente. Que todo o *espírito*, a *alma* e o *corpo* de vocês sejam preservados irrepreensíveis na vinda de nosso Senhor Jesus Cristo" (1Tessalonicenses 5:23, ênfase do autor).

> *O objetivo de Deus para sua vida é a plenitude.*

Deus visionava uma restauração completa no jardim do Éden. Tudo o que ele via no jardim era bom. Essa avaliação incluía Adão e Eva. Eles não estavam doentes, aleijados, deprimidos ou aflitos. Eles estavam física e espiritualmente sãos. Sem enfisema, paralisia ou paranoia. No entanto, quando se rebelaram, tudo se desarmonizou. O acontecimento é chamado de "a Queda" por uma razão. Adão e Eva tiveram um desentendimento com Deus e uma desavença um com o outro. A natureza saiu de sintonia e o corpo humano perdeu o equilíbrio. A Queda foi exatamente isto: uma perda da plenitude. O pecado abriu a porta, e a doença entrou em cena. "Portanto, da mesma forma como o pecado entrou no mundo por um homem, e pelo pecado a morte, assim também a morte veio a to-

> *O pecado e a doença são intrusos, consequências da mesma rebeldia. Mas eles são curados pelo mesmo Redentor.*

dos os homens, porque todos pecaram" (Romanos 5:12).

O pecado e a doença são intrusos, consequências da mesma rebeldia. Mas eles são curados pelo mesmo Redentor. Quando Isaías profetizou a respeito de Jesus, ele o descreveu como sendo o único que levaria nossa dor e nossa doença.

"Mas ele foi transpassado por causa das nossas transgressões, foi esmagado por causa de nossas iniquidades; o castigo que nos trouxe paz estava sobre ele, e pelas suas feridas fomos curados."
(Isaías 53:5)

"Ele tomou sobre si as nossas enfermidades e sobre si levou as nossas doenças." (v. 4)

Jesus tratou a doença da mesma forma que tratou o pecado. Ele levou embora. Levou sobre si na cruz. Quando Mateus viu o grande número de curas na Galileia, lembrou-se da profecia de Isaías: "E assim se cumpriu o que fora dito pelo profeta Isaías: 'Ele tomou sobre si as nossas enfermidades e sobre si levou as nossas doenças'" (Mateus 8:17).

Jesus morreu pelos nossos pecados? Sim. Ele morreu pelas nossas doenças? Sim! É contraditório dizer que Jesus salvou nossa alma, mas não nosso corpo. Quando Jesus levou nosso pecado sobre a cruz, ele também levou nossos cânceres, nossas deformações e nossa depressão.

Então, por que ainda ficamos doentes? Pela mesma razão que ainda pecamos. É um mundo decadente e o Reino é um Reino vindouro. A doença e o pecado ainda perseguem o planeta. Mas aqui está a diferença: nem a doença e nem o pecado têm o domínio sobre o povo de Deus. O pecado não pode nos condenar. A doença não pode nos destruir. A culpa foi removida, e a morte perdeu seu efeito. Na verdade, até mesmo o pecado e a doença que Satanás pretendia para o mal Deus redimiu para o bem. O pecado passa a ser uma amostra da graça divina. A doença torna-se uma demonstração da capacidade do Senhor de curar.

Não somos vítimas de moléculas trapaceiras e de células rebeldes. Não vivemos debaixo do espectro de pragas e de emoções incontroláveis. Cada tecido, molécula e onda cerebral atendeu ao chamado do Senhor. Ele está no controle!

Pois bem, se você está doente, clame a Jesus!

Fale com ele sobre seu estômago, sua pele, suas verrugas. Afinal de contas, ele é o seu dono. Seus corpos "[...] foram comprados por alto preço [...]" (1Coríntios 6:20). Faça o mesmo com suas emoções. Alguém abusou se-

> *A doença e o pecado ainda perseguem o planeta. Mas aqui está a diferença: nem a doença e nem o pecado têm o domínio sobre o povo de Deus.*

xualmente de você? Seu cônjuge o maltratou? Você fez um aborto ou abandonou um bebê? Em caso afirmativo, é possível que precise de cura interior.

Ele irá curá-lo — instantânea, gradual ou futuramente.

Ele pode curá-lo *instantaneamente*. Uma palavra era suficiente para expulsar os demônios, curar a epilepsia e ressuscitar os mortos. Ele tinha somente que pronunciar uma palavra, e a cura acontecia. Ele pode fazer isso por você.

Ou ele pode curá-lo *gradualmente*. No caso do cego de Betsaida, Jesus o curou por etapas. Ele o removeu da multidão. Ele esfregou saliva nos olhos dele e lhe perguntou o que ele via. O homem respondeu. Jesus esfregou pela segunda vez. O Senhor o curou, mas ele operou gradualmente (Marcos 8:22-26).

E não se esqueça da história de Lázaro. Depois que Jesus ouviu sobre a enfermidade do amigo, o Senhor esperou dois dias antes de ajudar. Ele deixou Lázaro morrer. Quando Jesus chegou ao cemitério, Lázaro já estava no túmulo há quatro dias. Mas o Senhor o chamou. O Senhor curou Lázaro? Sim, de forma dramática, porém não imediatamente (João 11:1-44).

Entretanto, a nossa maior esperança está na nossa cura *futura*. No céu, Deus restaurará nossos corpos ao esplendor original, "mas sabemos que, quando ele se manifestar, seremos semelhantes a ele, pois o veremos como ele é" (1João 3:2). Deus transformará o seu túmulo em um útero do qual nascerá com um corpo perfeito em um mundo perfeito. Enquanto isso, continue orando. *Pai, tu és bom. Preciso de ajuda. Cura-me.*

Se Jesus curá-lo instantaneamente, louve-o.

Se ainda está esperando pela cura, confie nele. O sofrimento é o seu sermão.

Meu amigo Jim enfrentou um problema muscular na maior parte da vida adulta. A atrofia o faz gaguejar e prejudica o caminhar. Mas isso não diminuiu sua fé ou apagou seu sorriso. Em um domingo em especial, tínhamos pedido aos membros da igreja para pararem na parte de trás do estacionamento e deixarem as vagas mais próximas para os convidados. Quando cheguei, vi Jim. Ele tinha estacionado no canto mais distante e estava caminhando rumo ao templo. *Não queríamos dizer que você tinha de estacionar tão longe*, senti vontade de falar.

> *Se Jesus curá-lo instantaneamente, louve-o. Se ainda está esperando pela cura, confie nele. O sofrimento é o seu sermão.*

A vida dele é um exemplo. Oro para que Deus cure o corpo de Jim. Mas até ele curar, Deus está usando Jim para inspirar gente como eu. Deus fará o mesmo com você. Ele usará seu sofrimento para inspirar os outros.

Ou ele pode usar seu sofrimento para mudá-lo. Há dois anos tenho pedido a Deus para remover a dor na mão que uso para escrever. Mesmo agora que escrevo estas palavras, sinto uma rigidez em meu polegar, nos dedos, no antebraço e no ombro. Os médicos atribuíram aos mais de trinta livros que escrevi à mão. Por décadas, o movimento repetitivo limitou meus movimentos, tornando as tarefas mais simples — escrever uma frase em um pedaço de papel — difíceis.

Então, faço minha parte. Alongo meus dedos. Um terapeuta massageia os músculos. Evito o curso de golfe. Até faço ioga! Mas, acima de tudo, eu oro.

Falar é fácil, penso comigo. Deus não devia curar minha mão? Minha caneta é meu instrumento de trabalho. Escrever é minha missão. Até agora ele não me curou.

Hoje oro mais quando escrevo. Não orações eloquentes, mas sinceras. *Senhor, preciso de ajuda... Pai, minha mão está rígida.* Esse desconforto me humilha. Não sou o Max, o autor. Sou o Max, o sujeito cuja mão está esgotada. Quero que Deus cure minha mão. Até agora, o Senhor usou minha mão para curar meu coração.

Você está esperando Jesus curá-lo? Tenha esperança na reação de Jesus para com os cegos.

"Tenha misericórdia de nós, Senhor", eles clamaram.

"Jesus ficou quieto." Ele parou de caminhar.

Todos continuaram andando. Jesus paralisou. Algo tinha atraído sua atenção. Algo interrompera sua jornada. Podemos vê-lo erguendo a mão para calar as pessoas, colocando seu dedo nos lábios para que ficassem em silêncio. "Shhh." O que foi aquilo? O que Jesus ouviu?

Uma oração. Um apelo simples por ajuda, flutuando pelo caminho nas asas da fé e chegando aos seus ouvidos. Jesus ouviu as palavras e parou.

Ele ainda para. E ainda pergunta: "O que queres que eu faça?"

Os dois homens em Jericó disseram: "Senhor, que nossos olhos sejam abertos."

E você?

Senhor, veja esta doença cardíaca.

Remova esta artrite.

Restaure minha audição.

O coração de Jesus dirigiu-se para os cegos. Ele "teve compaixão e tocou-lhes os olhos". A palavra em grego significa "ele sentiu compaixão por eles bem no fundo do estômago". Jesus fora até onde os outros não foram. Ele os curou.

Ele irá curá-lo, amigo. Oro para que ele cure instantaneamente. Ele pode escolher curá-lo gradualmente. Mas uma coisa é certa: ele irá curar-nos futuramente. As cadeiras de rodas, as pomadas, os tratamentos e os curativos são confiscados na entrada do céu. Os filhos de Deus, mais uma vez, serão completos.

Capítulo 6

Perdoa-me

As lojas de tatuagem precisam de um aviso na porta de entrada: "Antes de tatuar, pare para pensar."

Talvez uma gravação de voz tocando ao fundo "Você quer mesmo levar o nome dela nas juntas do seu dedo pelo resto da vida?"

Ou um empregado de tempo integral cujo trabalho seja lembrar ao cliente: "A tatuagem não tem tecla *delete*."

Os atletas profissionais definiram o padrão para as tatuagens desastrosas e que são acompanhadas de um constrangedor pedido de desculpas de quem a fez. Na bochecha de uma estrela do NBA há a letra P. Ele é um fã dos Pittisburg Pirates. O único problema — o P foi desenhado de trás para frente. Talvez ele se tatuou sozinho usando um espelho?

Outro jogador fez uma réplica exata dos lábios da namorada no pescoço. Vermelho vivo. Um beijo permanente. Estou aqui na esperança de que ele e a namorada tenham permanecido juntos. Qualquer outra mulher vai pensar duas vezes antes de aconchegar-se à imagem dos lábios da ex-namorada do rapaz.

Um jogador de futebol tatuou a palavra *Presente* em um tríceps e, no outro, *Deus*. Não só estava faltando humildade, mas ele esqueceu o "de". Ele podia ter chamado um revisor.[1]

Clínicas podem remover erros. Pelo preço certo, podem tirar a tatuagem errada da pele. É doloroso e caro, mas eficiente se quiser apagar as marcas indesejadas do passado.

Quem não quer?

Você pode não ter tatuagens, mas tem arrependimentos. Você não tem um suvenir das férias em Cancun, porém tem as lembranças dela. Não gravou o nome dela no ombro ou o nome dele na coxa. Além disso, você sente remorso pelas palavras ditas e os atos feitos.

A culpa deixa um coração tatuado.

Pergunta: Se sua culpa mal resolvida fosse representada por tatuagens, o quanto você estaria marcado? Quais imagens veria no espelho? O rosto de alguém que magoou? A quantia de dinheiro que desperdiçou? Os "podia" ou "devia". "Eu podia ter sido uma mãe melhor." "Eu devia ter prestado mais atenção."

Cave no porão da sua alma e o que encontrará? Anos perdidos. Perversões. Diversões destrutivas. Raiva de pais ou de ex-namorados. Egoísmo. Arrogância. Insultos raciais. Colamos em provas, traímos os amigos.

As consequências podem ser desastrosas. A culpa não resolvida gera um amontoado de emoções doentias. A maioria delas esconde-se debaixo de dois tópicos: defesa e derrota.

As almas defensivas mantêm o esqueleto dentro do armário. Não contam para ninguém. Não admitem nada. Procuram a inocência, e não o perdão. A vida é reduzida a um único objetivo: ocultar o segredo. As falhas não são abordadas ou tratadas. As almas defensivas constroem muros em volta do passado.

Por outro lado, as almas derrotadas são definidas pelo passado. Elas não cometem erros; elas *são* os erros. Elas não colocam tudo a perder; elas já *estão* perdidas. Elas não escondem o passado; elas tornam-no público. Elas torturam a si mesmas com dúvida e vergonha.

A culpa está fazendo o que ela quer com você? Em caso afirmativo, considere esta promessa: "Embora os seus pecados sejam vermelhos como escarlate, eles se tornarão brancos como a neve; embora sejam rubros como púrpura, como a lã se tornarão" (Isaías 1:18). Deus é especialista em remover a culpa. Ele pode fazer o que ninguém mais pode: extrair até a última marca da sua alma.

Quando os outros vêm para Deus por meio da fé em Jesus, recebem a maior bênção: a graça para todos os pecados. Jesus libera o perdão para cada ato de rebeldia. Essa graça é um presente. Não a compramos. Não podemos perdê-la. Se não tomarmos cuidado, podemos tornar-nos cheios de culpa. Mesmo como cristãos, precisamos regular nossa dose de culpa.

Entenda: a culpa é uma ideia de Deus. Ele a usa da mesma forma que os engenheiros de rodovias usam as placas. Quando nos desviamos do caminho, elas sinalizam. A culpa faz o mesmo. "Vejam o que esta tristeza segundo Deus produziu em vocês: que dedicação, que desculpas, que indignação, que temor, que saudade, que preocupação, que desejo de ver a justiça feita!" (2Coríntios 7:11). A culpa alerta sobre as discrepâncias entre o que somos e o que Deus quer. Ela mexe com o arrependimento e o renovo. Em doses adequadas, a culpa é uma bênção. Entretanto, em doses descontroladas a culpa é um fardo insuportável. Não podemos carregá-la.

A culpa alerta sobre as discrepâncias entre o que somos e o que Deus quer. Ela mexe com o arrependimento e o renovo.

Mas Deus pode. Uma tradição da antiga aliança demonstra como ele pode.

Três mil anos atrás, era dada ao povo hebreu uma oportunidade anual de ver a culpa sendo removida. A cada ano, como parte do Dia da Expiação, milhares de judeus reuniam-se em frente ao tabernáculo. O sacerdote escolhia dois bodes. O primeiro bode era sacrificado. O segundo era apresentado pelo sacerdote, que impunha as mãos sobre a cabeça do animal e confessava os pecados do povo. "Somos traidores, Senhor. Mentirosos. Invejamos o sucesso do próximo. Cobiçamos o cônjuge do vizinho. Ignoramos o pobre, adoramos os ídolos, e nos envolvemos em atos malignos." Ele citava até o fim da lista, até que tudo estivesse confessado.

> *Então colocará as duas mãos sobre a cabeça do bode vivo e confessará todas as iniquidades e rebeliões dos israelitas, todos os seus pecados, e os porá sobre a cabeça do bode. Em seguida enviará o bode para o deserto aos cuidados de um homem designado para isso. O bode levará consigo todas as iniquidades deles para um lugar solitário. E o homem soltará o bode no deserto (Levítico 16:21-22).*

O povo observava enquanto o homem designado soltava o animal. A dupla diminuía de tamanho até finalmente desaparecer no horizonte. O povo aguardava até o homem reaparecer com as mãos vazias. O foco da lição era claro: Deus não deseja que a culpa esteja no meio do seu povo.

Você pode apostar sua Torá que algum menino de dez anos de idade puxou as vestes de sua mãe e disse:, "Por que, mamãe? Por que eles soltaram o bode? Ele era inocente. Não fez nada de errado." A mãe, aquela que sempre aproveita a oportunidade, iria se abaixar, ficar na altura dos olhos do filho e explicar: "Esse é o objetivo, meu filho. Deus usa o inocente para levar os pecados do culpado."

> *Deus usa o inocente para levar os pecados do culpado.*

Ou, como Isaías escreveria centenas de anos mais tarde: "Todos nós, tal qual ovelhas, nos desviamos, cada um de nós se voltou para o seu próprio caminho; e o Senhor fez cair sobre ele a iniquidade de todos nós" (Isaías 53:6).

Isaías não sabia o nome daquele que carregaria o pecado. Mas nós sabemos. Jesus Cristo. "Mas agora ele apareceu uma vez por todas no fim dos tempos, para aniquilar o pecado mediante o sacrifício de si mesmo [...] Cristo foi oferecido em sacrifício uma única vez, para tirar os pecados de muitos" (Hebreus 9:26,28).

Se você está em Cristo, seus pecados foram perdoados. Eles foram vistos pela última vez nas costas de seu Redentor enquanto ele rumava para o vale da morte. Quando Jesus bradou na cruz "Meu Deus! Meu Deus! Por que me abandonaste?" (Mateus 27:46), ele foi para o lugar deserto em seu nome. Ele levou o seu pecado. Porém, diferentemente do bode expiatório, Jesus retornou sem pecado. Sua ressurreição dá o poder sobre o pecado. Esteja aberto à ideia de uma nova pessoa sem pecado. Isso pode ser difícil. Você arrastou seu passado por muito tempo e não consegue imaginar-se sem ele. Deus consegue. Ele vê uma revisão do seu roteiro. Só porque você foi um vilão no ato 1, não precisa ser no ato 2. Ele faz tudo novo. "[...] o Filho do homem tem na terra autoridade para perdoar pecados" (Marcos 2:10). Ponto-final. Fim de discussão. Ele tem a palavra final em sua vida. E essa palavra chama-se *graça*.

Jesus fez a parte dele. Agora, faça a sua.

Dê para Deus sua culpa. Faça a oração de bolso. *Pai, tu és bom. Preciso de ajuda. Perdoa-me...* Conte para Jesus o que você fez. Coloque sua culpa nas costas do Redentor. Entregue-a a Jesus com este pedido: "Você irá removê-la?" Faça isso sempre que for necessário. Uma, duas, dez vezes ao dia? Claro que sim! Não deixe nada para trás. Nenhum pecado é muito antigo ou recente, muito ruim ou insignificante. Seja abundante em sua confissão, e...

Seja concreto em sua confissão. Dê o máximo de detalhes que puder. Você foi tentado a dizer, *Senhor, perdoa-me. Sou um verme.* Isso não funciona. Por um lado, você não é um verme; você é o filho escolhido de Deus, e ele o ama. Por outro, a cura acontece quando a ferida é exposta à atmosfera da graça.

Perdoa-me 83

> *A confissão não é uma punição pelo pecado; é o isolamento do pecado, pois ele pode ser exposto e removido.*

Por que exatamente você precisa de perdão? Por ser uma pessoa má? Isso é muito amplo. Por perder a paciência na reunião de negócios e chamar seu colega de trabalho de puxa-saco? Na hora, você pode confessar isso. Como podemos ver, a confissão não é uma punição pelo pecado; é o isolamento do pecado, pois ele pode ser exposto e removido.

Seja firme na oração. Satanás trafica na culpa e não irá desistir de um viciado sem briga. Exercite sua autoridade como filho de Deus. Diga à culpa onde ela deve desaparecer. Declare em nome de Jesus. "Deixei-o aos pés da cruz, espírito imundo. Fique lá!"

E, pelo amor de Deus, pare de se atormentar. Jesus é forte o suficiente para levar o seu pecado. Ele não disse que levaria?

> *"[...] e como o Oriente está longe do Ocidente,*
> *assim ele afasta para longe de nós*
> *as nossas transgressões.*
> *Como um pai tem compaixão de*
> *seus filhos,*
> *assim o Senhor*
> *tem compaixão dos que o temem;*

pois ele sabe do que somos formados;
lembra-se de que somos pó" (Salmos 103:12-14).

Vivemos em um mundo cheio de culpa. Mas existe uma população que descobriu a graça de Deus. Eles não a bebem, não a fazem surtir efeito ou tentam espantá-la. Eles a entregam. Deus deseja que você esteja entre eles.

Chegou o tempo de um recomeço, começar do zero. Deus não vê as marcas do seu passado. Ao contrário: "Veja, eu gravei você nas palmas das minhas mãos; seus muros estão sempre diante de mim" (Isaías 49:16). Deus escreveu o seu nome onde ele pode ver. Por fim, é essa a única tatuagem que importa.

Capítulo 7

Eles precisam de ajuda

ocê está sentado na sala de espera da emergência, cercado por uma família ansiosa. Veio correndo até aqui no momento em que soube do ocorrido. O filho adolescente do seu amigo foi ferido por destroços em um acidente de carro. Ele está passando por uma cirurgia. Seus amigos estão em choque. Você faria qualquer coisa por eles. Mas o que fazer?

Você tenta disfarçar seu choque acerca das notícias. A filha adolescente do seu amigo está grávida, confusa e considerando a ideia de fazer um aborto. Seu amigo culpa a moça. "Se..." O que fazer?

Você olha para as imagens na tela da televisão. Mais um tornado destrói outra cidade. Escolas demolidas, casas destruídas e vidas perdidas. Que devastação. O que fazer?

O que você pode fazer? Quando o desafio é maior do que o seu ser. Quando a dor é palpável. Quando se sente sem esperança e impotente. Para onde ir? Sugiro que vá para um dos ensinos mais fascinantes de Jesus sobre a oração.

> Então lhes disse: "Suponham que um de vocês tenha um amigo e que recorra a ele à meia-noite e diga: 'Amigo, empreste-me três pães, porque um amigo meu chegou de viagem, e não tenho nada para lhe oferecer.' E o que estiver dentro responda: 'Não me incomode. A porta já está fechada, e eu e meus filhos já estamos deitados. Não posso me levantar e lhe dar o que me pede.' Eu lhes digo: Embora ele não se levante para dar-lhe o pão por ser seu amigo, por causa da importunação se levantará e lhe dará tudo o que precisar. Por isso lhes digo: Peçam, e lhes será dado; busquem, e encontrarão; batam, e a porta lhes será aberta. Pois todo o que pede, recebe; o que busca, encontra; e àquele que bate, a porta será aberta" (Lucas 11:5-10).

Você está tocando a campainha à meia-noite. A vizinhança está quieta. As ruas estão calmas. O céu está escuro, e a casa de dois andares do seu amigo também está. Mas você ainda toca a campainha, não uma ou duas, mas três vezes. *Ding-dong. Ding-dong.*

Ding-dong. É uma casa grande, então ela tem uma campainha estridente. O chihuahua acorda. Ele tem aquele latido irritante, "quem-você-pensa--que-é": "Au, au, au."

Imagine o que está acontecendo nos andares de cima. A esposa do seu amigo está chutando-o debaixo do cobertor: "Hank, levante-se! Tem alguém à nossa porta." Pobre rapaz. Em um minuto ele estava dormindo. No outro, foi chutado para fora da cama. A campainha tocando, o cão latindo. Ele não vai gostar disso.

A luz da varanda se acende. A porta se abre.

Cara, ele parece que saiu de dentro de uma garrafa. Bermudão. Camiseta. Cabelo desgrenhado. O rosto cheio de marcas de travesseiro e a barba por fazer.

— Que raios você está fazendo aqui? — pergunta ele.

— Um amigo meu acabou de chegar para uma visita, e não tenho nada para dar-lhe de comer — responde você.

O dono da casa resmunga e reclama, mas você insiste. "Vamos lá, Hank, por favor." Por fim, Hank concorda, convida-o para entrar e o leva para a despensa. Você enche o cesto com alimentos e leva para casa. E o seu convidado surpresa não tem de ir para a cama com fome. Tudo porque você falou com franqueza em nome de outra pessoa.

Isso é uma oração de intercessão em sua mais pura forma, uma confluência de escassez e audácia. *Pai, tu és bom. Eles precisam de ajuda. Eu não posso, mas tu podes.*

"Não posso curá-los, mas, Senhor, tu podes."

"Não posso perdoá-los, mas, Senhor, tu podes."

"Não posso ajudá-los, mas, Senhor, tu podes."

Essa oração atrai a atenção de Deus. Afinal, se Hank, um amigo mal-humorado e insatisfeito vai ajudar alguém, quanto mais Deus não vai ajudar? Ele nunca dorme. Ele nunca está irritado. Quando batemos em sua porta, ele responde rápida e imparcialmente.

> *Jesus nunca rejeitou um pedido intercessor. Nunca!*

Jesus nunca rejeitou um pedido intercessor. Nunca!

Pedro estava preocupado com a sogra febril. O centurião trouxe um pedido pelo seu servo doente. Jairo tinha uma filha enferma. Uma mulher de Canaã tinha uma filha possessa por um demônio. Do nascer ao pôr do sol, Jesus ouvia um apelo atrás do outro. "Meu tio não pode andar." "Meu filho não pode ver." "Minha mulher está com dor." Ele ouvia tantos pedidos que, às vezes, os discípulos tentavam afastar as pessoas (Mateus 15:22-23). Contudo, Jesus não os deixava. "Uma grande multidão dirigiu-se a ele, levando-lhe os aleijados, os cegos, os mancos, os mudos e muitos outros, e os colocaram aos seus pés; e ele os curou" (Mateus 15:30).

Ele nunca ficava impaciente com os pedidos. Mas ele ficava impaciente com a falta deles.

Certa vez, um pai trouxe seu filho possesso por um demônio para os discípulos do Senhor. Eles tentaram ajudar o menino, porém fracassaram. Quando Jesus ensinou-lhes sobre o fracasso, ele explodiu em frustração. "Ó geração incrédula e perversa, até quando estarei com vocês? Até quando terei que suportá-los? Tragam-me o menino" (Mateus 17:17).

Que acesso de raiva! Jesus é tão superpaciente que qualquer sinal de impaciência é desconcertante. Qual foi a negligência dos discípulos? Simples. Eles nunca levaram o menino até Jesus. Nem pessoalmente e, pelo que parece, nem em oração. Eles tentaram curar o menino sem clamar por Jesus. Ele teve de dar a ordem: "Tragam-me o menino."

Jesus tem uma expressão pesada para isso: *fé pequena*. "Então os discípulos aproximaram-se de Jesus em particular e perguntaram: 'Por que não conseguimos expulsá-lo?' Ele respondeu: 'Porque a fé que vocês têm é pequena'" (vv.19-20).

Fé pequena: tentar ajudar os outros sem clamar por Jesus.

Fé: esmurrar a porta de Deus à meia-noite. Fazer o que for preciso para apresentar as pessoas para Jesus.

À la Moisés no monte Sinai. Quando Deus viu o bezerro de ouro, ele estava prestes a destruir a nação de Israel. Eles foram testemunhas das dez pragas e da abertura do mar Vermelho. Seus estômagos estavam cheios do maná dado pelo Senhor e das codornizes enviadas do céu; entretanto, eles lembraram-se do Libertador? Não, eles dançaram a noite toda diante de uma estátua caseira.

Deus não estava feliz.

> *Então o Senhor disse a Moisés: "Desça, porque o seu povo, que você tirou do Egito, corrompeu-se. Muito depressa se desviaram daquilo que lhes ordenei e fizeram um ídolo em forma de bezerro, curvaram-se diante dele, ofereceram-lhe sacrifícios, e disseram: 'Eis aí, ó Israel, os seus deuses que tiraram vocês do Egito.' Disse o Senhor a Moisés: "Tenho visto que este povo é um povo obstinado. Deixe-me agora, para que a minha ira se acenda contra eles, e eu os destrua. Depois farei de você uma grande nação" (Êxodo 32:7-10).*

A grama seca no monte Vesúvio tinha mais chance de sobrevivência. A única esperança do povo era o líder octogenário, que tinha tido um encontro com Deus, provavelmente na mesma montanha, alguns anos atrás. Se Moisés tivesse qualquer influência, esse era o momento de usá-la. E ele a usou.

> *Moisés, porém, suplicou ao Senhor, o seu Deus, clamando: "Ó Senhor, por que se acenderia a tua ira contra o teu povo, que tiraste do Egito com grande poder e forte mão? Por que diriam*

os egípcios: 'Foi com intenção maligna que ele os libertou, para matá-los nos montes e bani-los da face da terra'? Arrepende-te do fogo da tua ira! Tem piedade, e não tragas este mal sobre o teu povo!" (Êxodo 32:11-12).

Olhe para a paixão de Moisés. Ajoelhado em um minuto, e no outro diante de Deus. Ele está prostrado, apontando o dedo, levantando as mãos. Derramando lágrimas. Rasgando sua capa. Lutando como Jacó em Jaboque pela vida das pessoas.

E como Deus reagiu? "E sucedeu que o SENHOR arrependeu-se do mal que ameaçara trazer sobre o povo" (vv.14).

Essa é a promessa da oração! Podemos fazer Deus mudar de ideia. Sua vontade absoluta é inflexível, mas a implementação dela não é. Ele não muda em seu caráter e propósito, mas ele altera sua estratégia por causa do apelo dos seus filhos. Não mudamos as suas intenções, mas podemos influenciar suas ações.

Afinal de contas, "somos os embaixadores de Cristo" (2Coríntios 5:20). Os embaixadores representam o rei. Eles falam com a autoridade do trono. Eles carregam consigo a aprovação daquele que os enviou. Se um embaixador envia um pedido ao rei, será que o rei

> *Não mudamos as suas intenções, mas podemos influenciar suas ações.*

ouvirá? Se você, o embaixador de Deus neste mundo, vier ao seu rei com um pedido, ele ouvirá? Certamente.

Na verdade, "Deus nos ressuscitou com Cristo e com ele nos fez assentar nas regiões celestiais em Cristo Jesus" (Efésios 2:6). Você não tem um assento na Suprema Corte ou na Câmara dos Deputados. Você tem um lugar mais estratégico; você tem um assento no governo de Deus. Como um deputado, você representa um distrito. Você fala em nome da sua família, da vizinhança ou do time de *softball*. Sua esfera de influência é sua região. À medida que a fé aumenta, seu distrito se expande. Deus o incomoda com uma preocupação pelos órfãos, pelas terras distantes ou pelas pessoas carentes. Você responde a esses sussurros com oração. *Pai, eles precisam de ajuda.*

Você é Moisés em seu beco sem saída. Moisés em sua mão de obra. Moisés em sua sala de aula. Você suplica a Deus em nome de outras pessoas.

A oração de intercessão não é um bicho de sete cabeças. Ela reconhece nossa incapacidade e a capacidade divina. Nós vimos com as mãos vazias, porém com grandes expectativas. Por quê? Deus "[...] é capaz de fazer infinitamente mais do que tudo o que pedimos ou pensamos, de acordo com o seu poder que atua em nós" (Efésios 3:20). Ele "[...] suprirá todas as necessidades de vocês, de acordo com as suas gloriosas riquezas em Cristo Jesus"

(Filipenses 4:19). Quando o Senhor dá, ele dá um presente que é "[...] uma boa medida, calcada, sacudida e transbordante será dada a vocês. Pois a medida que usarem também será usada para medir vocês" (Lucas 6:38).

Vivenciamos o poder da oração de intercessão em nossa igreja. No começo dos anos 1990, quando eu era novo na congregação Oak Hills, tive a oportunidade de visitar a Skyline Church, em San Diego, Califórnia. O pastor John Maxwell convidou-me para pregar. Concordei em troca de um conselho para levantar uma igreja saudável. Ele foi rápido em me dar uma boa dica: a oração. Ele sugeriu precisamente que eu recrutasse 120 parceiros de oração que iriam comprometer-se a orar diariamente pela igreja, por mim e por minha família. Ao retornar para San Diego, comuniquei o plano à congregação. Dentro de um mês, exatamente 120 pessoas voluntariaram-se para formar a equipe. Seis meses depois, eu estava feliz por enviar uma mensagem para John:

- Tínhamos quebrado nosso recorde de frequência dominical duas vezes.
- Tínhamos encerrado o ano com nossa média mais alta de frequência dominical.
- Tínhamos encerrado o ano bem acima do orçamento.
- Tínhamos quase dobrado nossa equipe de anciãos.

○ Tínhamos testemunhado várias curas significativas.

○ A hostilidade à igreja estava em um período de baixa, e a unidade estava em um período de alta.

Eu estava chocado! Sentimos o vento divino soprando em nossas velas, e tudo o que fizemos fora aumentar nossa determinação de orar pelos outros.

E está acontecendo de novo. Durante os últimos três meses, tenho conduzido a igreja por meio da oração de bolso. Nossas ofertas estão acima do orçamento. Cada campus está crescendo. Estamos desfrutando nossa maior frequência já vista. E o mais importante, estamos vendo mais pessoas virem a Cristo do que em qualquer período comparável na história da congregação.

A explicação? Oração. À medida que redobramos nosso compromisso de orar, Deus redobra sua promessa de abençoar.

> *Nada agrada tanto a Jesus quanto ser audaciosamente confiável.*

Nada agrada tanto a Jesus quanto ser audaciosamente confiável. Quando trazemos as pessoas para Jesus, ele abre a despensa. Freddy Vest conhece essa verdade melhor do que todos.

Em 28 de julho de 2008, esse caubói de maxilar quadrado estava preparando-se para seu quarto passeio em Graham, Texas, laçando um bezerro quando caiu do cavalo. Ele estava morto antes de atingir o chão. Parada cardíaca. Um amigo correu para perto dele, colocou a mão embaixo da cabeça de Freddy e começou a orar. Um bombeiro veterano administrou a ressuscitação cardiopulmonar e orava enquanto pressionava o peito de Freddy. O amigo pediu que todos orassem, e o bombeiro disse que ele podia ouvir as pessoas orando todas ao redor. Logo, a arena tornou-se um santuário de cavaleiros, e Freddy estava no altar. Ele não reagia. Quarenta e cinco minutos depois que tivera um colapso, uma ambulância levou-o para o hospital mais próximo. No caminho, o coração dele começou a se recuperar.

Freddy, quando se foi, viu as orações das pessoas. "Eu estava com o Senhor", ele lembra. Ele descreve um sentimento de amor, mais amor do que alguém possa imaginar. Ele recorda um sentimento de paz perfeita, o tipo de paz que um filho sente sendo abraçado e embalado pela mãe. Freddy se lembra de ver as orações. "Deus permitiu-me ver as orações que subiam ao meu favor. Começou com um raio de luz. E então havia dois raios de luz e três. E então, havia dez. E depois havia centenas e milhares de raios de luz. Cada um daqueles raios era uma oração que alguém tinha enviado para mim. E quando aconteceu de ter muitos raios de luz, explodiu uma luz mais brilhante... Foi quando Deus fez-me retornar."[1]

O apóstolo João se lembrou de algo parecido. Em sua visão do céu, João via as orações dos justos subindo como o incenso na presença de Deus. Então o anjo pegou o incensário, "[...] encheu-o com fogo do altar e lançou-o sobre a terra; e houve trovões, vozes, relâmpagos e um terremoto" (Apocalipse 8:5).

Eis o poder da oração. Você pede ajuda a Deus, e *bam!* O fogo cai sobre a terra. Você eleva suas preocupações ao céu, e o terremoto acontece! "E houve trovões, vozes, relâmpagos e um terremoto."

Siga em frente. Bata na porta à meia-noite. Levante-se em nome daqueles que você ama. E, sim, levante-se em nome daqueles que você não ama. "Orem por aqueles que os perseguem" (Mateus 5:44). A forma mais rápida de apagar o fogo da ira é com um balde de oração. Em vez de reclamar, esbravejar ou vingar-se, ore. Jesus fez isso. Enquanto estava pendurado na cruz, ele intercedeu pelos inimigos: "Pai, perdoa-lhes, pois não sabem o que estão fazendo" (Lucas 23:34). Jesus, até mesmo Jesus, deixou seus inimigos nas mãos de Deus.

Não devemos fazer o mesmo? Você nunca será mais parecido com Jesus do que quando ora pelos outros. Ore por quem você ama; ore por quem você não ama. Ore por este mundo ferido. Apresente o caso deles ao doador de pão.

> *Você nunca será mais parecido com Jesus do que quando ora pelos outros.*

E traga uma cesta de mantimentos. Deus tem abundância de bênçãos para dar-lhes de volta.

Capítulo 8

Obrigado!

Sou grato por...

Andy. Ele é o cão que Denalyn resgatou do abrigo. Estava Magrelo como um coiote quando o buscamos. Agora ele está fofinho. Ele pula em cima da cama conosco toda manhã e corre pelo jardim como uma corça no pasto quando chegamos em casa.

Bolas de calvície. Eu estava na fila, em uma loja de conveniências quando vi uma na tela de segurança. *Aquele homem está perdendo o cabelo.* Então, percebi que o homem era eu. Minha bola de calvície está se espalhando como uma poça de chuva. Posso também ser grato. Além disso, bolas começam com *b*.

Chocolate começa com *c*. Então, hoje sou grato pelos chocolates. Cookies de chocolate, doces,

Obrigado! 103

bolos e batidas. O chocolate teria mantido Adão e Eva longe da árvore proibida e os marinheiros felizes pela *recompensa*.

Dicionários. Alguém tem de definir as palavras. Se "cão" significasse "gato" para você e "rato" para mim, não saberíamos qual capturar ou qual mimar. Sou grato pelos dicionários. E sou grato por...

Exercícios como este. Foi ideia da Denalyn. Alfabetize suas bênçãos. Em vez de catalogar os fardos, especifique os benefícios. A cura certa para o espírito mal-humorado. A = Andy. B = bolas de calvície. C = chocolate. D = dicionário. Percebi que Denalyn começa com *d*. Da próxima vez que fizer a lista, minha esposa substitui *dicionário*. Que, a propósito, é a lição do exercício. Alguém jamais fica sem motivos para dizer "obrigado".

Obrigado. Só a palavra já eleva o espírito. Dizer "obrigado" é comemorar um presente. Alguma coisa. Qualquer coisa. Animais. Bolas de calvície. Chocolate. Dicionários e Denalyn. Dizer "obrigado" é passar do "não tenho" para o "tenho muito", do demitido para o contratado. "Obrigado" proclama: "Não estou em desvantagem, não sou incapacitado, vitimado, escandalizado, esquecido ou ignorado. Eu sou abençoado." A gratidão é uma diálise

> *A gratidão é uma diálise de todos os tipos. Ela tira a pena de si mesmo do nosso vocabulário.*

de todos os tipos. Ela tira a pena de si mesmo do nosso vocabulário.

Nas Escrituras, a noção de render graças não é uma recomendação ou uma sugestão; é um mandamento. Tem o mesmo peso de "ame o seu próximo" e "ajude os pobres". Mais do que centenas de vezes, tanto no imperativo como em um exemplo, a Bíblia ordena que sejamos gratos. Se a quantidade implica gravidade, Deus leva a sério a ação de graças.

Aqui está o porquê: a ingratidão foi o pecado original. Adão e Eva tinham um milhão de razões para render graças. As cachoeiras e as aves, as praias e os pores do sol. Deus achava o Éden tão maravilhoso que ele caminhava pelo jardim na brisa do dia (Gênesis 3:8). Adão e Eva achavam que o jardim era muito seguro, e não usavam roupas (Gênesis 2:25). Eles não tinham nada a esconder e nada para esconder dos outros. Eles habitavam em um mundo perfeito. Um mundo com a criação, com Deus, com o outro. O Éden era um "mundo deslumbrante". Encoste a sua orelha nas primeiras páginas do Gênesis e você ouvirá o Éden em sinfonia.

Mas então apareceu a serpente. Satanás entrou de mansinho no jardim. Ele levantou uma dúvida acerca da árvore proibida. Adão e Eva podiam comer os frutos de todas as outras árvores, mas Satanás deu ênfase ao único fruto que eles não podiam tocar. "Deus sabe que, no dia em que dele comerem, seus olhos se abrirão, e vocês, como Deus, serão conhecedores do bem e do mal" (Gênesis 3:5).

Simples assim. O Éden não era suficiente. *Era* suficiente, você imagina. Harmonia ecológica. Pureza de relacionamento. Paz espiritual. Adão e Eva tinham tudo que sempre precisaram. Deus lhes disse: "Eis que lhes dou todas as plantas que nascem em toda a terra e produzem sementes, e todas as árvores que dão frutos com sementes. Elas servirão de alimento para vocês" (Gênesis 1:29).

Eles tinham o próprio departamento de produção. "Mas poderiam ter mais...", sugeriu o diabo, gesticulando para a delicadeza brilhante e reluzente que estava do outro lado do limite. E com aquela ideia, Eva sentiu o primeiro ímpeto de descontentamento. Em vez de considerar o jardim de frutas que ela tinha, examinou o fruto que Deus proibiu. O descontentamento avançava como o valentão do bairro.

E se a gratidão tivesse vencido o dia? Vamos supor que um Adão e uma Eva ofuscados tivessem zombado da sugestão da serpente. "Você está brincando? Invejar o que não podemos comer? Já viu este lugar? Estradas de morangos. Campos de melão. Bosques de laranjas. Arbustos de framboesas azuis. Deixe-nos levá-la a um passeio, serpente. Iremos mostrar o que Deus nos deu."

Se eles tivessem escolhido a gratidão, o mundo seria diferente?

Se você escolher a gratidão, o mundo será diferente?

Oh, o assovio que ouvimos. *Você não quer mais?* Mais cavalos de potência. Mais gigabytes. Mais espaço para as pernas. Mais testosterona.

A baleia branca do nosso desejo nada em nossas águas. Mas Deus deu para Ahab um arpão: gratidão. Então, obrigado Senhor, por...

Flutuar, mesmo nos voos lotados e atrasados. Eu não preciso caminhar.

Golfe — eu jogo muito mal, os outros jogam maravilhosamente.

Harmonia celestial. Irei mencionar a harmonia celestial nesta semana no funeral de um bebê. Os pais irão perguntar, e irei responder: "Vocês verão sua filha na harmonia celestial." Retire a harmonia da história humana, e eu fico mudo. Não tenho nada a oferecer. Inclua-a, e a gratidão irá aparecer até em um velório ao lado de um túmulo.

"Deem graças em todas as circunstâncias, pois esta é a vontade de Deus para vocês em Cristo Jesus" (1Tessalonicenses 5:18). Em todas as circunstâncias? No problema, no hospital, no conserto, no sofrimento? Nas...

Interrupções. Jesus interrompeu. Quando a multidão de cinco mil pessoas interrompeu seu descanso planejado, ele os levou para almoçar. "E ordenou que a multidão se assentasse na grama. Tomando os cinco pães e os dois peixes e, olhando para o céu, deu graças e partiu os pães. Em seguida, os deu aos discípulos, e estes à multidão" (Mateus 14:19).

Jesus estava muito grato. Ele estava grato quando Maria interrompeu a festa com o bálsamo. Quando abraçava as crianças, abençoava os bebês e via os cegos assistirem ao primeiro pôr do sol, Jesus estava grato. Quando os discípulos voltaram da primeira viagem missionária, ele agradeceu: "Naquela hora, Jesus, exultando no Espírito Santo, disse: 'Eu te louvo, Pai, Senhor do céu e da terra, porque escondeste estas coisas dos sábios e cultos e as revelaste aos pequeninos. Sim, Pai, pois assim foi do teu agrado'" (Lucas 10:21).

Obrigado...

Jesus, por ser um modelo de gratidão, por tomar a responsabilidade, por unir todas as coisas para o bem. Obrigado por me permitir...

Louvar o amor, pois estou atento aos motivos de ser grato. Eu presenciei hoje o amor. As mãos entrelaçadas e gastas de um casal de velhinhos em uma loja. O rosto ansioso de um menino pegando uma bola do seu pai no jardim. Amor. Busque o amor, e você o encontrará. Busque por...

Milagres. Você também os encontrará. Rebecca encontrou. Ela passou os últimos três anos sofrendo. "Em uma escala de um a dez", o médico explicou, "ela está no número doze todos os dias". O pâncreas de Rebecca parou de funcionar. Depois de uma dúzia de cirurgias e trocas na medicação, não havia nenhuma solução em vista.

Um desafio muito difícil. Mas Rebecca é uma criança durona. Ela tem dez anos de idade. Ela tem o cabelo marrom-chocolate, olhos que brilham, um sorriso à prova de intempéries e um livro de milagres. Ela mostrou isso para mim. Pensei que estivesse dormindo. A mãe dela e eu conversamos sussurrando no canto da sala do hospital. Os desenhos feitos em casa estavam pendurados na parede. Um bando de animais de pelúcia estava sobre o sofá. Alguém tinha enviado uma caixa de doces. Eu vi.

— Mamãe. — A voz de Rebecca estava grogue.

— O que foi, docinho?

— Você pode mostrar meu livro de milagres para o senhor Max?

Era um caderno de espiral, as bordas desgastadas, adornado com flores feitas com giz de cera, estrelas e alguns palhaços. Na letra de uma criança, os milagres:

"Eu dormi a noite toda ontem."

"Papai trouxe escondido um cachorrinho ao hospital."

"Mamãe vai colocar uma árvore de natal no canto da sala."

O corpo dela estava tendo uma reação. Os pais estavam preocupados. Os médicos estavam confusos. Mas Rebecca tomou uma decisão. Ela vai agradecer a Deus pelos milagres. Se Rebecca con-

Obrigado! 109

segue encontrar razões para agradecer, será que eu não consigo?

Então minha lista de agradecimentos continua:

Ninar. O milagre que acontece em uma poltrona nas tardes de domingo.

Oh", como um " Oh, é bonito". "Oh, é uma menina." "Oh, parece ótimo." Eu nunca agradeci por todos os "Ohs". O que é uma vergonha, porque não temos muitos "Ohs"?

Pântanos: círculos de umidade.

Queens, Nova York. Eu experimentei comida coreana lá em um dia de julho e conheci um pessoal bacana. Nunca pensei em agradecer a Deus por eles até agora.

Rajadas d'água. Banhos quentes. Torneiras hidráulicas. Vasos sanitários. Eu nunca estou longe de um saneamento básico moderno. Quanta bondade divina! A gratidão transforma cada banho quente em uma comemoração. Nada silencia um resmungo como a gratidão.

> *Nada silencia um resmungo como a gratidão.*

Eu li sobre israelitas rabugentos: "[...] e falou contra Deus e contra Moisés, dizendo: 'Por que vocês nos tiraram do Egito para morrermos no deserto? Não há pão! Não há água! E nós detestamos esta comida miserável!'" (Números 21:5).

Eles haviam esquecido a libertação de Deus? O mar Vermelho transformou-se em um tapete vermelho. O maná caía como dinheiro prateado. Eles dançaram a canção do jubileu e carregaram Moisés nos ombros. No começo, eles eram gratos.

Mas com o passar do tempo, a ingratidão tomou conta. Então resmungaram. Reclamavam sobre o serviço de quarto e a temperatura da piscina. Não era o bastante escapar da escravidão; eles queriam manicure, pedicure e tratamento facial. Ficaram azedos e ranzinzas.

Deus respondeu com uma lição objetiva para as gerações. Ele soltou serpentes no acampamento. Colocou vermes rastejantes nas tendas. Animais com caninos tóxicos por toda a parte. As sombras do Éden. O simbolismo é inevitável. A ingratidão é uma infusão do diabo. Ela vai matá-lo.

> *Então o Senhor enviou serpentes venenosas que morderam o povo, e muitos morreram. O povo foi a Moisés e disse: "Pecamos quando falamos contra o Senhor e contra você. Ore pedindo ao Senhor que tire as serpentes do meio de nós."*
> *E Moisés orou pelo povo.*

O Senhor disse a Moisés: "Faça uma serpente e coloque-a no alto de um poste; quem for mordido e olhar para ela viverá." Moisés fez então uma serpente de bronze e a colocou num poste. Quando alguém era mordido por uma serpente e olhava para a serpente de bronze, permanecia vivo (Números 21:6-9).

A cura para a ingratidão? Olhe para cima! Eis a serpente de bronze no poste. Eleve os seus olhos! Olhe o que Deus fez!

A serpente foi derrotada. Olhe para cima. O Filho do Homem chegou. Olhe para cima. Você tem um...

*S*alvador, o pecado foi perdoado. Você tem o...

*T*riunfo sobre a morte! Um...

*U*niverso regenerado! Uma...

*V*itória que ninguém pode roubar!

A solução de Deus para qualquer desafio é simplesmente isto: um espírito grato. Nenhum nevoeiro é tão forte que os raios de sol da gratidão não possam dissolver. Um exemplo típico? Jack Ryan.

Os pastores não devem ter favoritos, eu sei. Mas Jack sempre foi o meu favorito. Você encontraria mais depressa um alce na lua do que Jack com uma reclamação. Ele tem setenta anos, um justo de cabelos grisalhos, pronto para sorrir e encorajar. Sempre sentado perto da frente do templo, levantando as mãos para adorar desde a primeira canção até o último verso.

Fui vê-lo em sua casa semana passada. Ele esteve ausente por algum tempo. Uma doença cardíaca sugou a força de seu corpo. O sono era escasso. A energia mais ainda. Sentei-me na cadeira ao lado dele, inclinei-me para frente e peguei suas mãos.

— Jack — perguntei —, ouvi dizer que você não está bem.

— Oh, Max. — Ele corrigiu com um sorriso fraco. — Nunca estive melhor.

— Disseram que você não consegue dormir.

— Não, não consigo. Mas eu consigo orar.

Seus olhos brilhavam enquanto ele inclinava a cabeça.

— Eu só falo com Jesus, Max. Digo que o amo. Digo o quanto ele é bom. Digo obrigado. Esses são os bons momentos para mim. Só estou conversando com Jesus.

A má circulação tirou a cor de Jack. A doença destruiu seu vigor. Suas mãos tremiam. A pele parecia uma cortina sobre os ossos. Mesmo assim, você teria pensado que ele era uma criança na véspera de Natal, de tão feliz que estava.

De certo modo ele era. No outro dia, bem cedo, ele partiu com Jesus. Quem é o real vencedor nesta vida? Não é a pessoa que morre com um espírito cheio de gratidão e esperança? Como morremos com gratidão? Vivemos com ela. Agradecemos a Deus pelos...

Obrigado! 113

Xilofones e a graça extra que Deus dá quando ficamos sem palavras para a letra *x*.

Li sobre um advogado que ganhou um caso para seu cliente. Os dois homens comemoraram com um bom jantar. Ao final da refeição, o cliente entregou para o advogado uma carteira luxuosa feita de couro marroquino. "Por favor, aceite isto como um símbolo de agradecimento."

O advogado resistiu. "Não posso contentar-me com uma carteira. Meus honorários são 500 dólares."

O cliente olhou para o advogado e encolheu os ombros. "Seja como quiser." Ele abriu a carteira com duas notas de quinhentos. Ele ficou com uma e entregou a carteira e a outra nota para o advogado.

> *Não seja tão rápido em seu julgamento acerca dos presentes de Deus para você. Agradeça-o. A cada momento. Dia a dia.*

Não seja tão rápido em seu julgamento acerca dos presentes de Deus para você. Agradeça-o. A cada momento. Dia a dia. Agradeça a Deus por...

Zebras.

Obrigado, Senhor, por tudo.

Capítulo 9

Em nome de Jesus, amém

sto traz problemas, causa fadiga, dá vergonha. Isto é a doença que você não consegue curar, o emprego que você não consegue aguentar, o casamento que não consegue consertar, a fúria que não consegue conter.

Isto machuca.

Isto paira sobre a vida. Quatro letras grandes, altas e desafiadoras. ISTO! Elas marcham como o Frankenstein. Cada passo é um baque. Cada baque um terremoto. *Clomp! Clomp! Clomp!* ISTO! ISTO! ISTO!

"Olhe! ISTO está vindo!"

"Não aguento mais ISTO!"

ISTO ofusca e intimida qualquer um — qualquer que não leva ISTO até Jesus. Gente como o soldado romano.

Ele era um centurião. Tinha uma autoridade inquestionável sobre seus homens. Mesmo assim, havia algo especial naquele oficial em particular. Ele amava o servo. "E disse: 'Senhor, meu servo está em casa, paralítico, em terrível sofrimento.' Jesus lhe disse: 'Eu irei curá-lo'" (Mateus 8:6-7).

A oração do soldado era simples. Ele apenas apresentou um fato: "meu servo está em casa, paralítico, em terrível sofrimento."

Foi o suficiente para fazer Jesus agir. Ele virou-se e imediatamente começou a andar na direção da casa do centurião. Mas o oficial o parou. "[...] Senhor, não mereço receber-te debaixo do meu teto. Mas dize apenas uma palavra, e o meu servo será curado. Pois eu também sou homem sujeito à autoridade e com soldados sob o meu comando. Digo a um: 'Vá', e ele vai; e a outro: 'Venha', e ele vem. Digo a meu servo: 'Faça isto', e ele faz" (vv. 8-9).

O centurião entendeu a dinâmica da autoridade. Ele era um homem *sob* autoridade e *com* autoridade. Seus superiores davam-lhe instruções, e ele lhes obedecia. Ele dava ordens, e seus soldados lhe obedeciam. Eles não questionavam suas decisões. O exército romano respeitava a cadeia de comando. O centurião reconhecia a autoridade quando a via. E ele viu a autoridade máxima em Jesus Cristo.

Dize apenas uma palavra, e o meu servo será curado... Ao ouvir isso, Jesus admirou-se e disse

aos que o seguiam: "Digo-lhes a verdade: não
encontrei em Israel ninguém com tamanha fé...
"Vá! Como você creu, assim lhe acontecerá!" Na
mesma hora o seu servo foi curado (vv. 8,10,13).

A confiança do centurião em Jesus foi profunda. Jesus podia lidar com a situação à distância. Só uma palavra do Senhor bastaria. Jesus ficou admirado. *Finalmente,* sua resposta indica, *alguém entendeu minha autoridade!*

Entendemos?

Jesus possui uma autoridade incontestável. "Sustentando todas as coisas por sua palavra poderosa [...]" (Hebreus 1:3). "Por isso Deus o exaltou à mais alta posição e lhe deu o nome que está acima de todo nome" (Filipenses 2:9).

O governo romano tentou intimidá-lo. A religião falsa tentou calá-lo. O diabo tentou matá-lo. Todos falharam. "Porque era impossível que a morte o retivesse" (Atos 2:24).

Jesus, "tendo despojado os poderes e as autoridades, fez deles um espetáculo público, triunfando sobre eles na cruz" (Colossenses 2:15). Ele não estava brincando quando declarou: "Foi-me dada toda a autoridade nos céus e na terra" (Mateus 28:18). Jesus é o centro de comando das galáxias. "Não se vendem dois pardais por uma moedinha? Contudo, nenhum deles cai no chão sem o consentimento do Pai de vocês" (Mateus 10:29). Ele ocupa a Sala

Em nome de Jesus, amém 119

Oval. Ele tirou uma moeda da boca de um peixe. Ele parou os ventos com uma palavra. Ele falou, e a árvore secou. Ele falou de novo, e o cesto transformou-se em um banquete. Economia. Meteorologia. Botânica. Abastecimento de alimentos. "Todas as coisas me foram entregues por meu Pai. Ninguém conhece o Filho a não ser o Pai, e ninguém conhece o Pai a não ser o Filho e aqueles a quem o Filho o quiser revelar" (Mateus 11:27).

Isso inclui Satanás. O diabo foi verbalmente vencido por Cristo na cruz. Jesus possui um nível superior a ele em cada situação. Ele tem de obedecer ao Senhor, e sabe disso. As orações feitas em nome de Jesus são "poderosas em Deus para destruir fortalezas" (2Coríntios 10:4). Destruir! Nem danificar ou atrapalhar, mas destruir. A oração cai sobre fortalezas como a luz ilumina uma cabana de palha.

O diabo teme a oração. Imagine esta cena. Ele senta-se no fundo do recinto durante uma reunião estratégica. Uma dúzia de demônios se reuniu para ouvir um relatório sobre a vida de um justo particularmente forte.

— Ele não vai tropeçar — lamentou o diabinho responsável pelo fim do justo. — Não importa o que fizermos, ele não vai virar as costas para Deus.

O conselho começou a dar sugestões.

— Tire sua pureza — disse um.

— Eu tentei — respondeu o demônio —, mas ele é extremamente moral.

120 *Antes de dizer amém*

— Tire sua saúde — instigou outro.

— Eu tirei, mas ele recusou-se a murmurar ou reclamar.

— Tire seus bens.

— Você está brincando? Arranquei do homem cada centavo e bens materiais. Mesmo assim, ele ainda se alegra.

Por alguns segundos, ninguém pronunciou uma palavra. Por fim, do fundo da sala, veio a voz baixa e comedida do próprio Satanás. Todo o conselho virou-se quando o anjo caído levantou. Seu rosto pálido era quase oculto pelo capuz. Uma capa longa cobria seu corpo. Ele ergueu a mão esquelética e deu sua opinião.

— Não é suficiente tirar sua pureza. Não é suficiente tirar sua saúde. Não é suficiente tirar seus bens. Você tem de tirar o que é mais importante.

— E o que é? — perguntou o subordinado.

— Você tem de tirar as orações dele.

A oração coloca algemas em Satanás. A oração retira os problemas do domínio do diabo e os coloca na presença de Deus. A oração confessa, "Deus pode lidar com ISTO. Já que ele pode, tenho esperança."

Quando oramos em nome de Jesus, vamos até Deus com base na vitória de Jesus. "Temos, pois, um grande sacerdote sobre a casa de Deus. Sendo assim, aproximemo-nos de Deus com um coração sincero e com plena convicção de fé, tendo os corações aspergidos para nos purificar de uma cons-

Em nome de Jesus, amém 121

ciência culpada, e tendo os nossos corpos lavados com água pura" (Hebreus 10:21-22). Como nosso mediador, Jesus oferece nossas orações a Deus. As orações dele são sempre ouvidas. "Naquele dia vocês não me perguntarão mais nada. Eu lhes asseguro que meu Pai lhes dará tudo o que pedirem em meu nome" (João 16:23).

Existem aqueles que dizem "a oração transforma as circunstâncias porque ela nos transforma". Concordo em partes. A oração transforma as circunstâncias porque ela apela para o poder máximo no universo. A oração não é uma fórmula mágica ou um canto místico. É a resposta afirmativa ao convite de Deus para invocar seu nome.

Vamos supor que eu fale a um gerente de uma concessionária: "Quero um carro novinho em folha sem despesas." É bem provável que ele me mostre a saída mais próxima.

Entretanto, se eu levar uma carta assinada pelo dono da concessionária que diz: "Max Lucado é meu amigo, e estou dando-lhe um carro novo", adivinha quem vai sair dirigindo em um veículo luxuoso? O que faz a diferença? A autoridade de quem assinou a carta.

Da mesma forma, quando oramos em nome de Jesus Cristo, apresentamos uma carta assinada pelo nosso Amigo.

Alguns anos atrás, aconteceu de Denalyn e eu estarmos na China na ocasião de nosso 25º aniversário de casamento. Parte da nossa viagem incluía uma visita à embaixada norte-americana e um almoço com o embaixador. Na conversa, mencionei o aniversário para ele e perguntei se tinha alguma recomendação de um restaurante em Hong Kong. Ele já tinha! Ele descreveu um clube exclusivo para membros em um edifício no centro da cidade. As palavras "exclusivo para membros" fizeram-me perguntar: "Mas como? Como conseguimos uma mesa?" Ele fez um sinal para o assessor e sussurrou algumas instruções no ouvido dele. Logo em seguida, o assessor voltou com uma carta, confirmando a reserva, assinada pelo embaixador.

Quando mostrei a carta para o *maître*, ele sorriu e levou-nos para a mesa. Jantamos em um restaurante em virtude do nome do embaixador.

Temos acesso à sala do trono de Deus em virtude do nome de Jesus.

O céu vê sua assinatura e escancara as portas de boas-vindas.

Anote: ISTO não vai ter a palavra final. Jesus é que vai.

Esse poder ele exerceu em Cristo, ressuscitando-o dos mortos e fazendo-o assentar-se à sua direita, nas regiões celestiais, muito acima de todo governo e autoridade, poder e domínio, e de todo nome que se possa mencionar, não apenas nesta era, mas também na que há de vir. Deus colocou todas as coisas debaixo de seus pés e o designou cabeça de todas as coisas para a igreja (Efésios 1:20-22).

A frase "em nome de Jesus" não é um lema vão ou um talismã. É uma declaração de confiança: não, câncer, você não está no controle, Jesus está. A economia não está no controle, Jesus está. O vizinho mal-humorado não governa o mundo; Jesus, tu o governas! Tu, Jesus, és o treinador, o diretor-executivo, o presidente, o rei, o governador supremo, o monarca absoluto, o barão santo, o czar, o soberano e o rajá de toda a história.

Apenas fale a palavra, Jesus...

Ore! Uma vez que ele opera, a oração opera. Uma vez que Deus é bom, a oração é boa. Uma vez que você é importante para Deus, suas orações são importantes no céu. Você jamais está sem esperança, porque jamais está sem oração. E quando não conseguir encontrar palavras para dizer, tire estas do seu bolso:

Pai,

Tu és bom.

Preciso de ajuda. Cura-me e perdoa-me.

Eles precisam de ajuda.

Obrigado.

Em nome de Jesus, amém.

Guia de estudo

Escrito por Jenna Lucado Bishop

A oração na teoria.

A oração na prática.

Como diminuímos a lacuna entre a fé no poder da oração e a capacidade de realmente colocar essa fé em prática?

Afinal de contas, as crianças precisam de um banho, o chefe aguarda o seu relatório para amanhã e os e-mails a responder estão acumulando. Além de todas as tarefas, você tem questionamentos sobre a oração e talvez até algumas dúvidas. *Por que Deus não o curou? Será que Deus me ouve realmente?*

Este guia de estudo foi feito para ajudá-lo a praticar os ensinamentos deste livro para que você ore "mais, melhor, de forma mais íntima e intensa". Oramos para que você diminua a diferença entre a teoria e a prática da oração.

Cada capítulo do guia segue o mesmo formato simples, usando o acrônimo ORAR:

obedeça — nesta seção, obedeça ao Senhor fazendo o que este livro aborda: orar. Este ato aproxima-nos do coração de Deus. Então, tire um tempo para aproximar-se dele. Você encontrará algumas sugestões e modelos para esse momento de oração. Se possível, vá para um local silencioso. Fale com ele. Acalme sua mente e ouça o que ele está lhe dizendo. Você pode formular a sua própria oração ou usar a oração modelo. Sente-se, fique em pé ou ajoelhe-se — de qualquer forma, você quer orar. Apenas esteja com ele.

reflita — neste momento, você irá marcar alguns dos pontos principais de cada capítulo e estudar as passagens que coincidem com os ensinamentos. As perguntas desta seção são interativas, feitas para aprofundar a verdade do Senhor em seu coração.

analise — este é o momento de "examinar-se", como Paulo recomenda em 1Coríntios 11:28. As perguntas desta seção irão guiá-lo ao longo de uma jornada de introspecção.

renda-se — esta seção oferece a oportunidade de ver como Deus está o empurrando para render-se a ele. Render-se a Deus é o ato de entregar seu coração e cumprir o que ele deseja para a sua vida. Algumas ideias de prática serão dadas, mas elas são apenas sugestões para estimular sua reflexão.

O-R-A-R. É isso! *Orar.*

Pegue uma xícara de café ou chá. Escreva as suas reflexões em um caderno ou em um pedaço de papel. Faça isso sozinho ou em um grupo de amigos, de manhã ou à noite, na cozinha ou dentro do avião. Personalize seu caderno através deste guia de estudo. À medida que você o faz à sua maneira, tenha em mente as seguintes recomendações:

1. No começo do estudo, peça a Deus por um coração aberto para aprender o que ele deseja ensiná-lo, onde ele quer que você se desenvolva e como ele quer que você reaja.
2. Seja honesto em suas respostas. A transparência leva ao entendimento e ao crescimento em sua vida de oração.
3. Se você está trabalhando em grupo, responda às perguntas com antecedência para que a discussão seja flexível. Orem juntos. Interceda um pelo outro quando estiver ausente. Considere prestar contas um ao outro sobre as ideias que cada um identificou na seção "Renda-se".

4. Separe uma parte do caderno para anotar os pedidos de oração e o que você aprendeu acerca da oração ao longo do curso.

Que seu relacionamento com Cristo alcance novos patamares conforme você se torna mais forte e se aprofunda na oração.

Um

A oração de bolso

Obedeça

1. Max confessa que ele é um "membro de carteirinha do BAO: Bananas Anônimos da Oração", enquanto os outros pertencem ao outro extremo na "AGA: Associação dos Gigantes da Oração". Para alguns, a oração é tão natural quanto respirar. Outros se esquecem de orar ou sentem-se desconfortáveis quando oram.

   Quão importante a oração é para o seu dia? Como ela se encaixa em sua rotina? Onde você se classifica na escala a seguir? Justifique sua escolha.

Muito pouco	Às vezes	Frequente-mente	Muito frequentemente

Muito pouco — raramente falo com Deus.

Às vezes — falo com Deus de vez em quando.

Frequentemente — falo com Deus todos os dias.

Muito frequentemente — falo com Deus constantemente ao longo do dia.

2. Você pode se identificar com esta afirmação: "Orar é estranho, peculiar. É falar para o vazio." Geralmente é um cabo de guerra: parte de nós é afastada da oração por causa de sua peculiaridade, enquanto parte de nós é atraída. Com base em alguns exemplos deste capítulo, identifique o que o aproxima da oração. Perceba também o que o afasta.

O que me atrai para a oração

As fases difíceis da vida.

O exemplo de Jesus acerca da oração.

As promessas de Jesus acerca da oração.

Um desejo de conhecer Deus como Jesus conheceu.

Outros.

O que me afasta da oração

Falta de tempo.

Constrangimento (sinto como se estivesse falando para o vazio).

Dúvidas sobre o poder da oração.

Meu histórico conturbado com a oração (às vezes, minhas orações não são atendidas).

Um entendimento limitado da oração.

Outros.

3. Quatro frases curtas descrevem a essência da oração: "Falamos. Ele ouve. Ele fala. Ouvimos." Qual dessas frases é a mais difícil de crer ou colocar em prática? Por quê?

Reflita

1. Leia Lucas 11:1. Max comenta que a oração é a única lição que os discípulos pediram. Veja que Jesus deu um exemplo antes de ensinar os discípulos a orar. Por que você acha que ele agiu assim?

2. Releia a história sobre a tempestade no mar da Galileia em Mateus 14:22-33. O que Jesus fez nos versículos 22-23 que o preparou para a tempestade iminente? O que essa história ensina sobre a vida de oração de Jesus?

3. Filipenses 2:5 traz: "Seja a atitude de vocês a mesma de _____". Até em nossa vida de oração podemos ter essa atitude, assim como Cristo. Para ajudá-lo a compreender, substitua o nome de Jesus em Lucas 5:16 pelo seu nome: "Mas Jesus retirava-se para lugares solitários, e orava." Deus o está

transformando para ser mais parecido com seu filho a fim de que você, como Jesus, retire-se sempre para passar um tempo com o Pai. Em termos práticos, como você poderia retirar-se constantemente para passar um tempo com o Pai?

4. Max une os temas das orações mais conhecidas na Bíblia para fazer uma oração de bolso pequena e fácil de lembrar. Veja as três maiores orações na Bíblia pronunciadas por diferentes lábios ao longo de centenas de anos.

A oração de Elias em 1Reis 18:36-37.
A oração de Davi em Salmos 13.
A oração de Jesus em Lucas 11:1-4.

Agora, veja a oração de bolso e as passagens associadas a cada linha.

Pai — 1Coríntios 8:6.
Tu és bom — Salmos 31:19.
Preciso de ajuda — Hebreus 13:6.
Eles precisam de ajuda — Salmos 100:4.
Em nome de Jesus, amém — João 14:13-14.

Quais frases ou reflexões na oração de bolso têm relação com as palavras ditas pelos heróis bíblicos listados?

Analise

Use este momento para ser honesto com Deus acerca de como a sua vida de oração está atualmente e onde você deseja que ela esteja. Aqui estão algumas reflexões para ajudá-lo a começar:

Pai — tu és um Pai que deseja falar com o filho.

Tu és bom — teu Filho deu o melhor exemplo de como orar.

Preciso de ajuda — quero orar da mesma forma que Jesus orou. Irá ajudar-me a orar como ele? Por favor, remova tudo que me afasta da oração. (Diga a Deus o que o afasta: dúvidas, distrações, ocupações.)

Eles precisam de ajuda — Senhor, eu também apresento meus amados e suas vidas de oração. (Nomeie-os para Deus.)

Obrigado — obrigado por ensinar-nos a orar e por ser um Deus pessoal que deseja ouvir e falar conosco.

Em nome de Jesus, amém.

Renda-se

- Como os discípulos fizeram, peça a Jesus para ensiná-lo a orar de maneira mais íntima, mais intensa e melhor.
- Agora, peça a um amigo de confiança para orar a fim de que Deus o desenvolva e faça crescer sua vida de oração à medida que você lê este livro.

- Anote a oração de bolso e a coloque onde seja a primeira coisa que vê pela manhã.
- Memorize uma passagem deste capítulo. Pode ser a oração de Jesus em Lucas 11:2-4, ou você pode escolher João 15:7: "Se vocês permanecerem em mim, e as minhas palavras permanecerem em vocês, pedirão o que quiserem, e lhes será concedido."

Dois

Pai... Papai

Obedeça

1. Geralmente, "a oração começa com um 'Oh, Papai' sincero, honesto, exatamente como Jesus ensinou. "[...] Pai nosso, que estás nos céus! [...]" (Mateus 6:9) utiliza a palavra carinhosa e casual em aramaico *Abba* para descrever Deus. Mas pode ser que este não seja o tipo de pai que você imagina quando pensa em Deus.

   Que tipo de imagem paternal vem à mente quando você aproxima-se de Deus para falar com ele? Marque as características a seguir

Guia de estudo 137

que mais bem se encaixam em sua imagem mental ou anote sua própria descrição em um caderno de oração.

Um pai rígido que fica decepcionado comigo e sempre destaca minhas falhas.

Um pai que age mais como um amigo — amoroso, porém sem muita sabedoria ou força.

Um pai ocupado e indiferente que tem pouco tempo para mim.

Um pai ausente ou distante.

Um pai que me ama quando sou bom, mas fica envergonhado comigo quando sou mau.

Um papai amoroso que sempre está disposto a me ouvir e direcionar.

Outros (explique).

2. Leia os versículos a seguir. Que tipo de Pai Deus é descrito em cada parte?

Salmos 27:10
Isaías 41:10
Tiago 1:17
1João 4:10

Se você vê Deus como um pai amoroso, como isso afeta sua vida de oração? Se você não vê o Senhor assim, o que faz esse conceito ser complicado para você?

3. O termo *Papai* "atinge o seu orgulho". Coloca-nos em nosso devido lugar e Deus no dele. Você percebe a forma como vê Deus quando ora. Agora, tire um tempo para olhar para si mesmo. Quando você ora, a sua postura é de humildade, como uma criança, permitindo que o Senhor esteja no controle, ou você é mais como um pai que está no controle? Explique sua resposta.

Reflita

1. No Novo Testamento, os líderes religiosos faziam um teatro de suas orações, exibindo piedade. Mateus 6:5 diz: "E quando vocês orarem, não sejam como os hipócritas. Eles gostam de ficar orando em pé nas sinagogas e nas esquinas, a fim de serem vistos pelos outros. Eu lhes asseguro que eles já receberam sua plena recompensa." A qual recompensa você acha que Jesus está se referindo?
2. Leia Mateus 6:7-8. Explique o que você acha que esses versículos significam.

Max ensina que eles apontam para a essência por trás da oração, em vez da retórica e da declamação das palavras em si. Que alívio saber que podemos falar com nosso *Abba* assim como somos, que não são necessárias palavras impressionantes. Como esse conhecimento altera a forma como você ora?

3. O que esses versículos falam sobre a vida de oração de Jesus? Que tema em comum você vê neles?

Mateus 14:23
Marcos 1:35
Lucas 22:41

Jesus enfatizou a importância de se ficar a sós com Deus, sugerindo até que você fique sozinho em seu quarto. Isso significa que não devemos orar em público? Explique sua opinião.

4. A intenção por trás da oração importa mais do que como ou onde as palavras são ditas. Leia as passagens a seguir e perceba que tipo de atitude cada versículo destaca quando falamos com Deus.

1Timóteo 2:8
Hebreus 4:16
2Crônicas 7:14

Analise

O período de oração de hoje segue as instruções de Mateus 6:6. Encontre um quarto onde você possa fechar a porta e ficar sozinho. Se você for capaz, assuma uma postura física de submissão diante de Deus. Pode ser de joelhos, de cabeça baixa, com as mãos abertas ou outra postura que simbolize sua posição como criança sob os cuidados do seu *Abba*. A seguir estão algumas reflexões que você pode incluir em sua oração.

Pai — ajuda-me a ver como meu papai, que me quer bem e me sustenta em tudo.

Tu és bom — tu és um pai amoroso e sabes o que é o melhor para mim.

Preciso de ajuda — irás me ajudar a ter o coração humilde e contrito que deseja quando falo contigo? Confesso que meu coração nem sempre está no lugar certo.

Eles precisam de ajuda — as pessoas ao redor do mundo acham que tem de ser certo tipo de pessoa ou dizer as palavras certas no local certo para orar a ti. Oro por proteção contra o inimigo, que quer roubar as pessoas da verdade, do diálogo íntimo contigo.

Obrigado — obrigado por mostrar como orar e por ser um pai paciente.

Em nome de Jesus, amém.

Renda-se

- Ache um local em sua casa que pode ser o seu quarto de oração, um lugar de reclusão.
- Antes de começar a orar, tire um tempo para meditar em Deus, especificamente, como um pai amoroso. Talvez queira usar a palavra *papai* quando orar.
- Memorize uma passagem deste capítulo, tal como esta: "Mas quando você orar, vá para seu quarto, feche a porta e ore a seu Pai, que está em secreto. Então seu Pai, que vê em secreto, o recompensará" (Mateus 6:6).

Três

Tu és bom

Obedeça

1. "A bondade de Deus é o maior destaque na Bíblia." Essa bondade é igualmente importante para o seu coração? Você possui essa ideia em mente, ou ela surge com condições? Examine o seu coração e decida quais das frases a seguir descrevem melhor a sua visão da bondade de Deus.

   - Confio sempre que Deus é bom.
   - Acredito que Deus é bom quando a vida é boa.
   - Tenho dificuldades em crer que Deus é bom.

- É fácil acreditar que Deus é bom para os outros, não para mim.
- Eu digo, "Deus é bom", mas meus pensamentos e ações nem sempre refletem isso.
- Outros (explique).

2. Max compartilha a história sobre o dia em que teve problemas ao trocar o óleo do carro por causa do seu orgulho. Muitos de nós cometemos erros na vida quando tentamos tomar as rédeas em vez de confiar que Deus está no controle. Pense quando você pegou os problemas para si e isso resultou em um "vazamento de óleo". Por que foi difícil confiar em Deus nessa situação?

3. Salmos 46:10 diz: "[...] Saibam que eu sou Deus! [...]" Tire um tempo para acalmar-se. Medite na bondade e no poder de Deus ao ler Salmos 19. Circule ou sublinhe cada palavra de destaque. Peça a Deus para deixar que essa verdade traga paz ao seu coração.

Reflita

1. "Muitos sofrem de uma mentalidade pequena a respeito de Deus." O senhor responde ao pequeno entendimento da humanidade a respeito dele em Isaías 55:8-9. Leia a passagem. Então a reescreva com suas palavras. Aqui está a primeira frase: "Pois os meus

pensamentos não são os pensamentos de vocês, nem os seus caminhos são os meus caminhos [...]."

2. É fácil esquecer ou desconfiar da bondade do Senhor. Os israelitas foram infames por isso. Leia Salmos 106. O que os versículos 7, 13 e 21 têm em comum? Como resultado, o que os israelitas fizeram, de acordo com o versículo 19?

Que tipo de ajuda você procura quando duvida ou se esquece da bondade de Deus? Como isso se torna um ídolo?

3. Estresse no trabalho, relacionamentos instáveis, enfermidades, desastres naturais — às vezes, esse mundo mais parece ser ruim do que bom. O que a Bíblia diz a respeito da bondade do Senhor em tempos difíceis? Em um pedaço de papel, escreva as promessas dos versículos a seguir, personalizando-os. O primeiro é dado como exemplo.

João 16:33 — Jesus venceu o mundo, então por intermédio dele posso ter paz e ânimo em qualquer circunstância.
Salmos 9:9 —
Isaías 46:9-10 —
Mateus 10:29-31 —

Guia de estudo **145**

4. "Antes de enfrentar o mundo, enfrente seu Pai." Esse é o segredo para descansar na bondade de Deus. O mundo e o inimigo de Deus estão lutando para estar nesta posição, "à frente". Mas vamos ser como o rei Davi, que escreveu Salmos 16: "Sempre tenho o SENHOR diante de mim. Com ele à minha direita, não serei abalado" (v. 8). Como seria colocar o Senhor "diante" de você na vida diária?

Analise

Tire um tempo maior para explicar a seção "Deus é bom" de hoje. Diga ao Senhor quais qualidades de seu caráter você ama e agradeça-o pelas coisas boas que ele tem feito por você.

Pai — tu és um bom pai.

Tu és bom — (diga-lhe como ele é bom em sua vida).

Preciso de ajuda — ajuda-me a lembrar de tua bondade em tempos de trevas e nos bons momentos.

Eles precisam de ajuda — (ore pelas pessoas que você conhece que não confiam que Deus é bom).

Obrigado — obrigado por seres sempre bom, independentemente das mentiras que ouço ou o quanto eu duvido de tua bondade. Tu és o mesmo ontem, hoje e sempre!

Em nome de Jesus, amém.

Renda-se

- Max diz: "Um vislumbre da bondade do Senhor transforma-nos." Assim que você acordar a cada manhã nesta semana, pare para orar. Depois, ao final de cada dia, relate como orar antes de enfrentar o dia mudou você (seu humor, ansiedade, perspectiva).
- Estabeleça um alarme ao meio-dia em seu celular ou computador para lembrá-lo de tirar os olhos do mundo por um instante e agradecer a Deus por ele estar no controle. Repita a oração de bolso quando ouvir o alarme.
- Memorize um versículo deste capítulo, tal como Salmos 34:8: "Provem, e vejam como o SENHOR é bom [...]."

Quatro

Preciso de ajuda

Obedeça

1. "A cartada final é clara: *leve os seus problemas para Jesus.*" Quando enfrenta um problema, para quem você costuma levá-lo? Quais das opções a seguir descrevem-no melhor?

   Eu levo meu problema imediatamente para um membro da família ou um amigo.

   Guardo para mim mesmo, sem querer compartilhá-lo com ninguém.

   Eu o levo para Jesus.

   Acesso a internet e pesquiso respostas.

Fujo para a televisão ou para a mídia social e tento ignorá-lo.

Outros (explique).

2. "Não andem ansiosos por coisa alguma, mas em tudo, pela oração e súplicas, e com ação de graças, apresentem seus pedidos a Deus. E a paz de Deus, que excede todo o entendimento, guardará o coração e a mente de vocês em Cristo Jesus" (Filipenses 4:6-7). Qual parte do versículo é mais difícil para você crer e por quê?

3. Leia a história de Jesus transformando a água em vinho em João 2:1-12. Parafraseie o que Maria fez nos versículos 3-5.

Agora, pense em como você poderia incorporar a atitude de Maria em sua vida. Que necessidade ou preocupação está pesando sobre você? Apresente essa preocupação a Deus e deixe-a nas mãos dele. Lembre-se: "um problema que não foi abordado em oração é um espinho cravado na pele."

Reflita

1. O pastor Dale Galloway diz: "entregue e deixe Deus agir." Isso significa que não devemos chegar diante de Deus com o mesmo pedido várias vezes? Por quê? Ou por que não?

150 *Antes de dizer amém*

2. Leia Lucas 18:1-8. Concentre-se no versículo 1. Em suas próprias palavras, escreva o que a passagem traz. Quer você apresente um pedido uma vez, como fez Maria, ou várias vezes, como fez a viúva, o propósito mais profundo da oração é o relacionamento que se estabelece entre você e seu Pai.

3. Leia 1Pedro 5:7 e termine a frase: "Lancem sobre ele toda a sua ansiedade, porque _____ _____."

Como isso se diferencia da seguinte frase: "Lancem sobre ele toda a sua ansiedade, porque ele tem cuidado de vocês"? Qual frase é a mais reconfortante para você? Por quê?

4. Leia Mateus 6:25-34. O que cada versículo a seguir diz com respeito à preocupação?

v. 30

v. 31

v. 32

v. 33

v. 34

Analise

Passe um tempo com Jesus, lançando sobre ele todos os seus fardos. Ao final desta seção, tire um tempo só para estar com ele e ouça sua voz reconfortante.

Pai — porque tu és meu pai, te importas com meus problemas e sabes como lidar com eles.

Tu és bom — mesmo em minhas tribulações, confio que tu és um bom pai com um propósito para a minha vida. Tu irás usar até essas tribulações para o meu bem.

Preciso de ajuda — (diga ao seu Pai o que está sendo um fardo para você).

Eles precisam de ajuda — (coloque também diante dele os problemas dos outros).

Obrigado — obrigado por te importares com meus problemas e por ouvires minha oração.

Em nome de Jesus, amém.

Renda-se

- Quando surgir um problema, leve-o imediatamente para Jesus, antes de correr para alguém ou algo.

- Continue com seu caderno de oração. Coloque e anote os pedidos de orações pessoais, assim você pode consultar e ver como Deus as respondeu.

- Memorize uma passagem desta lição. 1Pedro é uma excelente opção: "Lancem sobre ele toda a sua ansiedade, porque ele tem cuidado de vocês."

Cinco

Cura-me

Obedeça

1. "Meu Deus! Meu Deus! Por que me abandonaste? [...]" (Salmos 22:1)

   "O Senhor é o meu pastor; de nada terei falta" (Salmos 23:1).

   Quais desses versículos descrevem melhor suas emoções em tempos de sofrimento? Por quê? Quais outros versículos descrevem como você se sente quando está sofrendo?

2. Max diz: "Ele irá curá-lo — instantânea, gradual ou futuramente." Escreva sobre um período que Jesus o curou gradualmente. Tal-

vez esteja acontecendo agora. O que a cura gradual de uma doença física, emocional ou espiritual ensina sobre si mesmo e sobre Deus?

3. Leia Apocalipse 21:1-4. O que essa descrição do céu desperta em seu coração? Como pensar a respeito do céu afeta a sua vida diária?

Reflita

1. Leia a oração dos cegos do lado de fora de Jericó: "[...] Senhor, Filho de Davi, tem misericórdia de nós!" (Mateus 20:30). Qual parte da oração chama a sua atenção? Qual é a importância dos títulos que os cegos deram a Jesus?

2. A Bíblia diz: "Pois nada é impossível para Deus" (Lucas 1:37). Mas ela também ensina "[...] viver contente em toda e qualquer situação [...]" (Filipenses 4:12). Explique como ter fé em que Deus é poderoso para curá-lo, mas que você pode viver contente se não for curado. Se discorda dessa reflexão, explique.

3. "O sofrimento é o seu sermão." As palavras de Max alinham-se com a Palavra de Deus. Leia os versículos seguintes, então reflita acerca do que cada versículo diz sobre as possíveis razões pelas quais Deus permite a doença e o sofrimento.

Isaías 48:10

2Coríntios 12:9

Tiago 1:2-4

4. "Alegro-me grandemente no Senhor, porque finalmente vocês renovaram o seu interesse por mim. De fato, vocês já se interessavam, mas não tinham oportunidade para demonstrá-lo" (Filipenses 3:10). Por que Paulo falou que quis compartilhar dos sofrimentos de Cristo? O que isso diz do relacionamento de Paulo com Cristo?

Analise

Durante seu tempo a sós com Deus, fale com ele sobre o sofrimento em sua vida ou na vida dos outros. Assim como os cegos fizeram, clame a ele como sendo Senhor da situação e peça por misericórdia.

Pai — meu clamor faz-te parar em teu caminho, assim como os cegos pararam Jesus fora de Jericó. Obrigado por te importares.

Tu és bom — tu és bom em minhas fases de saúde e doença. Creio que tu és aquele que me cura.

Preciso de ajuda — por favor, cura-me do (insira o sofrimento pelo qual você está passando atualmente).

Eles precisam de ajuda – por favor, cure (insira os nomes daqueles que você sabe que estão doentes).

Obrigado — obrigado por sofreres nesta terra como um ser humano, assim podemos saber que entendes o que sentimos durante as fases de sofrimento.

Em nome de Jesus, amém.

Renda-se

- Escreva um cartão de incentivo para alguém que conheça que está sofrendo física, emocional ou espiritualmente.

- Em seu caderno de oração, escreva um exemplo pessoal de dor física ou emocional que Deus curou e reveja sua fidelidade. Então, peça a Deus para revelar tudo de que você não abriu mão em seu coração. Se algo surgir em sua mente, escreva e comece a orar sobre essas feridas.

- Memorize Isaías 53:5: "Mas ele foi transpassado por causa das nossas transgressões, foi esmagado por causa de nossas iniquidades; o castigo que nos trouxe paz estava sobre ele, e pelas suas feridas fomos curados."

Seis

Perdoa-me

Obedeça

1. Quais são as duas primeiras emoções doentias causadas pela culpa? Qual emoção você tem a tendência de sentir? Explique sua escolha. Com quais outros derivados da culpa você sofre?

2. Max compara a culpa com o pecado, como se fossem tatuagens que a pessoa se arrepende de ter feito. Qual tatuagem da culpa você precisa que Deus remova hoje? Qual pecado suportou por tempo demasiado?

3. Descreva como se sentiria se cresse que você não apenas se livraria da culpa, mas também

viveria livre dela. Como isso afetaria seus relacionamentos, autoestima, e anseios?

Reflita

1. Leia sobre o Dia da Expiação em Levítico 16. Quais versículos chamam a sua atenção e por quê? A Bíblia refere-se a Jesus como um sacrifício (Hebreus 10:10, Romanos 3:25). Ler sobre o dia da Expiação impacta a maneira que você vê Jesus como seu sacrifício? Se sim, como?

2. Leia Hebreus 10:8-10. Agora, complete as lacunas:

   "Pelo cumprimento dessa vontade fomos santificados, por meio do sacrifício do corpo de Jesus Cristo, _____ uma vez por todas" (Hebreus 10:10). Por que a frase *uma vez por todas* é importante de ser lembrada quando pensamos em pecados que cometemos? Como isso aliviaria a culpa associada ao pecado?

3. Quando as pessoas se apegam ao pecado em vez de entregá-lo a Deus, a liberdade é removida, e a escravidão domina. Leia o Salmos 103:12-14 em voz alta e personalize-o mudando os pronomes para referir-se a você (por exemplo, "ele afasta para longe de nós

as nossas transgressões"). Deixe que a verdade desses versículos fale diretamente com você.

> *"[...] assim ele afasta para longe de nós as nossas transgressões. Como um pai tem compaixão de seus filhos, assim o Senhor tem compaixão dos que o temem; pois ele sabe do que somos formados; lembra-se de que somos pó."*

4. Leia os versículos seguintes e escreva em um pedaço de papel o que eles dizem sobre sua identidade por meio de Jesus Cristo:

2Coríntios 5:17
Gálatas 4:7
Gálatas 2:20

Analise

Neste momento com Jesus, "seja específico em sua confissão" e "firme-se nesta oração".

> *Pai — tu sabes que sou um filho fraco que é meramente pó.*
>
> *Tu és bom — tu és sempre fiel para perdoar-me, mesmo quando eu não perdoo a mim mesmo.*
>
> *Preciso de ajuda — (confesse a Deus cada pecado que esteja em seu coração. Seja específico).*

Eles precisam de ajuda — (apresente cada um que você sabe que se sente oprimido pela culpa).

Obrigado — obrigado pela cruz, que levou todos os pecados do meu passado, presente e futuro.

Em nome de Jesus, amém.

Renda-se

- Se você ainda não tinha começado um caderno de oração, comece nesta semana. Quando você se sentir culpado por um pecado que cometeu, escreva-o no caderno e peça perdão. O ato de escrever pode ajudá-lo a expor a culpa à luz e à graça de Deus.

- Se há alguém em sua vida que precise perdoar, comece pedindo a Deus para ajudá-lo a perdoar essa pessoa, assim como Deus o perdoa sempre.

- Memorize 1João 1:9 – "Se confessarmos os nossos pecados, ele é fiel e justo para perdoar os nossos pecados e nos purificar de toda injustiça."

Sete

Eles precisam de ajuda

Obedeça

1. Quais destas respostas descrevem sua reação inicial típica quando os outros se aproximam de você com um problema?

   Ofereço-lhes conselhos.
   Mergulho no problema com eles.
   Oro com eles.
   Digo que vou orar por eles, mas geralmente não oro.
   Ouço, mas logo mudo de assunto.
   Outros (explique).

2. Se "oro com eles" não é a sua resposta típica, explique o que o impede de orar com amigos e com a família (duvidar de Deus, a frustração com a falta de resultados, um sentimento de inadequação, desconforto, outros motivos).

3. Max diz: "Nada agrada tanto a Jesus quanto ser audaciosamente confiável." Quem você precisa confiar a Jesus audaciosamente hoje? Escreva uma oração ousada por alguém cujo futuro pareça sombrio. As orações ousadas honram a Deus.

Reflita

1. Leia Romanos 8:34 e Hebreus 7:25. O que esses versículos dizem que Jesus está fazendo em seu nome?

2. Max diz que fé pequena é "tentar ajudar os outros sem clamar por Jesus" e que a incredulidade dos discípulos irritava Jesus. É um dos poucos momentos que o vemos frustrado. Leia Hebreus 11:6. De acordo com esse versículo, como a reação de Deus à sua fé se diferencia da reação de Jesus à incredulidade dos discípulos? Leia Marcos 9:24. O que este versículo diz que você pode fazer se faltar fé?

3. Releia as histórias sobre o vizinho insistente e da viúva persistente (Lucas 11:5-13; 18:1-8). Essas histórias destacam a persistência,

a diligência, e o compromisso de orar. Esse tipo de oração faz sentido na sociedade acelerada em que você vive? Explique.

4. Leia os seguintes versículos. O que eles dizem sobre o poder da oração? Em um pedaço de papel, escreva a promessa de cada versículo.

Tiago 5:16
Mateus 21:21-22
João 14:13-14

Analise

Passe a maior parte do tempo com Jesus intercedendo pelos outros. Antes de começar, peça a Deus que coloque em seu coração as pessoas pelas quais ele quer que você ore e ouça a forma como ele deseja que você os incentive.

Pai — tu amas as pessoas que estão sofrendo mais do que eu, então posso confiar em ti.

Tu és bom — tu tens um plano para aqueles que estão hoje em meu coração.

Preciso de ajuda — boa parte do meu mundo gira em torno de mim. Por favor, ajuda-me a pensar no meu próximo e orar mais por eles.

Eles precisam de ajuda — (apresente os nomes deles e suas necessidades para Deus).

Obrigado — obrigado por oferecer este dom da oração e permitir seu poder, através do seu Filho, Jesus, para de fato mudar a mente deles!

Em nome de Jesus, amém.

Renda-se

- Nesta semana, envie para alguém uma mensagem de texto ou recado perguntando como você pode orar de forma específica por ele ou ela.
- Se um amigo ou membro da família aproximar-se de você com um problema nesta semana, antes de dar um conselho, ore por ele ou ela.
- Memorize Lucas 11:10: "Pois todo o que pede, recebe; o que busca, encontra; e àquele que bate, a porta será aberta."

Oito

Obrigado!

Obedeça

1. "Mais do que centenas de vezes, tanto no imperativo como em um exemplo, a Bíblia ordena que sejamos gratos. Se a quantidade implica gravidade, Deus leva a sério a ação de graças." Você coloca a gratidão no mesmo nível de importância do que os outros mandamentos de Deus — como amar o seu próximo e perdoar o seu inimigo? Se sim, por quê? Ou por que não?

2. Satanás seduziu Eva ao mostrar a única coisa que ela não podia ter. A sugestão sedutora

do que ela poderia ter a mais a levou à ingratidão. Quando você ouve a voz da ingratidão dizendo que você poderia ter mais (enquanto você está fazendo compras, assistindo à televisão, comparando-se com o seu vizinho)?

3. Por quais presentes — pequenos ou grandes — você é grato no dia de hoje? O que sua gratidão o inspira a pensar? Como ela afeta as suas orações? O que ela faz você fazer?

Reflita

1. Os versículos a seguir mostram algumas razões pelas quais caímos na ingratidão. Escreva em seu caderno ou medite em alguns dos obstáculos à gratidão nos seguintes versículos:

Deuteronômio 8:11-14
Salmos 73:2-4
Salmos 77:7-9

Agora liste as ideias que podem combater esses obstáculos à ingratidão.

2. Leia Lucas 17:11-19. Por que você acha que os outros nove leprosos não agradeceram Jesus pela cura?

3. Os versículos a seguir têm um ponto central em comum. Qual é?

Salmos 77:11 — "Recordarei os feitos do SENHOR; recordarei os teus antigos milagres."

1Corintios 11:24 — "e, tendo dado graças, partiu-o e disse: 'Isto é o meu corpo, que é dado em favor de vocês; façam isto em memória de mim.'"

Jonas 2:7 — "Quando a minha vida já se apagava, eu me lembrei de ti, SENHOR, e a minha oração subiu a ti, ao teu santo templo."

Como essas palavras poderiam ajudar com a ingratidão? A cura para a ingratidão? Olhe para cima! Eis a serpente de bronze no poste. Eleve seus olhos! Veja o que Deus fez!

4. Leia 1Tessalonicenses 5:16-18. Com base nessa passagem, o quanto é importante a gratidão para Deus? Como você pode orar?

Analise

Passe a maior parte do tempo com o Senhor dizendo-lhe as coisas pelas quais você é grato.

Pai — tu és um pai que ama dar presentes para teus filhos.

Tu és bom — tudo de bom vem de ti, e tu podes usar cada provação para meu bem.

Preciso de ajuda — ajude-me a me lembrar de ser grato. É muito fácil reclamar.

Eles precisam de ajuda – ajude quem está ao meu redor a ver as bênçãos mais do que os fardos.

Obrigado — (diga-lhe pelo que você é grato hoje).

Em nome de Jesus, amém.

Renda-se

- Escreva o seu próprio abecedário da gratidão.
- Diga a alguém por que você é grato por ele ou ela especificamente.
- Memorize 1Tessalonissences 5:16-18: "Alegrem-se sempre. Orem continuamente. Deem graças em todas as circunstâncias, pois esta é a vontade de Deus para vocês em Cristo Jesus."

Nove

Em nome de Jesus, amém

Obedeça

1. Max, através das passagens e até mesmo de uma reunião de estratégia demoníaca ficcional, lembra-nos que o poder de orar em nome de Jesus faz Deus agir. É uma muralha impenetrável para as forças das trevas. Sendo sincero, o quão poderosas você acredita serem suas orações? Explique.

   Minhas orações parecem não ter poder. Não sei muito bem se elas passam do teto.

Às vezes, acho que Deus atende minhas orações.

Sei que Deus ouve minhas orações e as atende.

Outro (explique).

2. Você tem dado a alguém ou a algo autoridade demasiada sobre sua vida? Você tem permitido a alguém ou a algo governar suas atitudes, determinar suas decisões e consumir suas ideias? Se sim, apresente a Deus em oração.

3. O dom que temos de falar à autoridade sobrenatural do universo pode ser facilmente esquecido neste mundo natural. Escreva algumas formas pelas quais você pode se lembrar desse dom para que suas orações sejam mais constantes e mais fervorosas.

Reflita

1. Leia os seguintes versículos e identifique o nome usado por Jesus em cada um:

João 8:12

João 11:25

João 1:29

Mateus 1:23

2. Leia Mateus 28:18, Filipenses 2:9 e Colossenses 1:15-17. O que esses versículos têm

em comum? Quais palavras ou frases destacam-se ao enfatizar a autoridade de Jesus?

3. Veja Mateus 28:19-20 e Romanos 8:10-11. O que esses versículos falam sobre a presença de Jesus com relação aos cristãos?

Considerando a autoridade de Cristo e que ele está conosco e dentro de nós, como você pode generalizar aqueles que creem (Efésios 1:19-20)?

4. João 16:23 diz: "Naquele dia vocês não me perguntarão mais nada. Eu lhes asseguro que meu Pai lhes dará tudo o que pedirem em meu nome." Concentre-se nas últimas três palavras. O que orar em nome de Jesus significa? Isso deveria afetar os pedidos que um cristão faz através da oração? Se sim, como?

Analise

Durante este tempo de oração, concentre-se na autoridade de Cristo. Diga-lhe o quanto ele é poderoso e glorioso, e sujeite todas as coisas ao seu controle.

Pai — tu estás no comando.
Tu és bom — tu reinas com misericórdia, bondade, amor e justiça. (Gaste tempo meditando

*em seu poder e enumerando as razões pelas
quais ele é um rei bom.)*

*Preciso de ajuda — ajude-me a sujeitar cada de-
talhe da minha vida a ti. (Conte-lhe cada for-
taleza em sua vida que você deseja que ele
quebre em seu poderoso nome.)*

*Eles precisam de ajuda — (apresente os nomes
daqueles que você ama, que não se sujeita-
ram à autoridade de Cristo).*

*Obrigado — obrigado pelo teu senhorio e o teu
reino, que nunca passará.*

Em nome de Jesus, amém.

Renda-se

- Encontre três nomes ou descrições que Jesus usa para si mesmo no Novo Testamento e anote-os. Enquanto você ora, pratique
usando esses vários nomes como um lem-
brete de tudo que Jesus é.

- Tire um tempo para ler os pedidos de oração
que escreveu enquanto faz este estudo. Você
tem visto Deus responder estes pedidos? Se
sim, como?

- Memorize Mateus 1:21: "Ela dará à luz um
filho, e você deverá dar-lhe o nome de Jesus,
porque ele salvará o seu povo dos seus pecados."

Pontos fortes da oração

Escrito por David Drury

Queridos leitores,

Como acabaram de ler em *Antes de dizer amém — o poder extraordinário de uma simples oração*, várias orações da Bíblia podem ser condensadas em poucas linhas claras e fáceis de lembrar. Um diálogo poderoso, transformador de vida com Deus, pode começar aqui:

Pai,

Tu és bom.

Preciso de ajuda. Cura-me e perdoa-me.

Eles precisam de ajuda.

Obrigado.

Em nome de Jesus, amém.

Falta confiança para muitos e, de alguma forma, estão insatisfeitos com sua prática de oração. Gostaríamos de orar mais — ou de forma mais intensa. Sentimos que os outros são veteranos de oração, enquanto nós somos novatos. Ao nos voltarmos para as orações modelos deste livro, logo podemos identificar quatro forças básicas da oração.

A força da oração são posturas — ou atitudes — nas quais avançamos instintivamente, posturas nas quais sentimos mais confiança ou, pelo menos, mais conforto. Cada uma delas corresponde a um componente central da oração de bolso.

Adoração — tu és bom.

Verdade — preciso de ajuda.

Compaixão — eles precisam de ajuda.

Gratidão — obrigado.

Após identificar a força da oração, você pode achar que sua maior alegria vem de crescer nas outras três áreas que pode ter visto como fraquezas. Usar suas forças como uma plataforma de lançamento para os diálogos mais recompensadores e dinâmicos com Deus irá ajudá-lo a ficar mais confiante na oração. Você verá que as orações simples têm um poder profundo, não pela forma como você ora, mas pelo jeito como Deus as ouve.

Adoração — Tu és bom

Sua inclinação natural é louvar a Deus em cada situação. A vida tem seus altos e baixos, mas, se você possui a força da oração de adoração, concentra-se na bondade do Senhor. Você vê que Deus está no controle, seja lá o que for, e isso é tranquilizador. Onde outros enxergam nuvens negras, você vê a bonança. Você não ignora a dura realidade, somente não se concentra nela. Você está sempre atento à forma como Deus está agindo em meio aos tempos difíceis e aos momentos bons.

Adorar é o segredo para Deus. Assim como alguém que fez uma boa apresentação ou venceu um jogo aponta o dedo para o céu para honrar Deus, você deseja que toda sua vida louve a Deus.

Se você possui a força da oração de adoração, tem certeza sobre a bondade de Deus e a compartilha com gente que pode estar desanimada. Na oração, você fica contente só por falar como Deus é bom. Provavelmente, goste de cantar canções de louvor que descrevem quem é Deus e tem interesse nos nomes de Deus ou nas qualidades que o descrevem.

Parceiro bíblico de oração

Daniel será um bom parceiro de oração para você, porque ele é um dos maiores heróis da oração na Palavra. No segundo capítulo de Daniel, o encontramos perturbado, à noite, por causa de uma visão (v. 19). O texto diz: "Então o mistério foi revelado a Daniel de noite, numa visão. Daniel louvou o Deus dos céus e disse: Louvado seja o nome de Deus para todo o sempre; a sabedoria e o poder a ele pertencem" (vv. 19-20).

Nos versículos seguintes, Daniel lista o que Deus tinha feito para fortalecê-lo. Outros estariam desanimados por estarem em exílio, separados da família e vivendo entre estrangeiros que não adoravam Deus. Mas isso não impediu Daniel de louvá-lo por sua bondade. Aqueles que têm a força da oração de adoração não precisam de uma multidão para adorar. Eles louvam Deus sem uma plateia e durante as perseguições.

Edificando-se na força da oração de adoração.

Adorar está sempre acompanhado da gratidão. Quando você reconhece naturalmente a bondade de Deus, a reação seguinte pode ser agradecê-lo pelo que ele tem feito. Aumente sua força de gratidão ao refletir e agradecer a Deus pelo que ele tem feito diretamente por você. Você também pode crescer na força da verdade ao pedi-lo para abordar suas necessidades atuais, talvez se concentrando em curar uma questão física ou espiritual. Então, pratique a força da compaixão ao refletir nas tribulações que seus amigos e familiares estão enfrentando. Peça a Deus para cuidar deles e dar-lhes a perspectiva de que ele é bom mesmo nessas situações.

Versículos para adorar em oração

Salmos 34:1; 50:23; 95:1-3; 150:6; Isaías 43:2; 1Pedro 2:9; e João 4:23-24.

Confiança — preciso de ajuda

Sua tendência natural é pedir ajuda a Deus. À primeira vista, pode parecer um sinal de fraqueza, mas, se você possui a força da oração de confiança, sabe que é melhor apoiar-se no poder de Deus do que ser autodependente. É um bom ponto para começar. Se possui a força da oração de confiança, você é transparente em suas tribulações, pelo menos com Deus e talvez até com os outros.

Confiar é render-se. Escondemos as coisas se não confiamos. Mas, quando oramos com uma postura de entrega, oramos como filhos de Deus, lançando-nos na misericórdia do pai. Outros podem se perguntar por que você deixa as coisas ficarem complicadas. A resposta é simples: você confia em Deus.

É provável que você apresente uma mistura única de humildade e confiança por causa dessa força. Você pode ser humilde porque sabe que não tem de confiar na própria força. Porém, pode aproximar-se do trono de Deus com ousadia, porque as Escrituras dizem: "Esta é a confiança que temos ao nos aproximarmos de Deus: se pedirmos alguma coisa de acordo com a vontade de Deus, ele nos ouvirá" (1João 5:14).

Parceiro bíblico de oração

Neemias dará um ótimo parceiro bíblico de oração para você. O livro de Neemias começa com o diário de oração dele, e você pode fortalecer sua confiança ao seguir o modelo que ele estabeleceu ali. Ele lembrou que Deus é aquele "fiel à aliança" (Neemias 1:5) e que ele tinha feito promessas para Israel. Neemias sabia que tinha de ir diante do rei e apresentar um grande pedido, então orou: "[...] Faze com que hoje este teu servo seja bem-sucedido, concedendo-lhe a benevolência deste homem [...]" (v. 11). Fortalecido por sua entrega total e seus pedidos a Deus, Neemias foi ousado no pedido ao rei: "[...] me deixe ir à cidade onde meus pais estão enterrados, em Judá, para que eu possa reconstruí-la" (2:5).

Edificando-se na força da oração de confiança

Confiar em Deus combina bem com compaixão. Quando você entrega suas necessidades a Deus, torna-se natural levar também as necessidades dos outros para ele. Faça a força de sua compaixão crescer ao se tornar aquele que intercede pelos necessitados a Deus. Seu instinto de confiar no Senhor irá se espalhar para aqueles cujas necessidades são profundas, então o seu melhor ato de compaixão pode ser passar um tempo com eles ou até mesmo orar por eles. Assim, você pode cultivar a força de adoração ao louvar a Deus por atender seus pedidos. Quando você agradece a Deus por atender suas orações, a força de sua gratidão cresce. Isso pode incluir manter, em um caderno, um registro das respostas às orações que você tinha confiado ao Senhor.

Versículos para confiar na oração

Mateus 6:7-8; 7:7; 21:22; João 14:3; 15:7; Romanos 8:31-34; Tiago 4:7; 1João 5:14.

Compaixão — eles precisam de ajuda

Sua tendência natural é considerar os outros. Se você possui a força da oração de compaixão, você é naturalmente um solucionador de problemas, fiel aos amigos e sensível às necessidades de quem está por perto e até mesmo de gente desconhecida. Você ora pelos outros, mas também alia suas orações às ações. Acha que seria sem sentido não ajudar quando pode, mas também acha que seria sem sentido agir sem orar para Deus interferir. Se você possui a força da oração de compaixão, sua postura é de alguém que procura os necessitados e busca a Deus para apresentar as necessidades deles.

Ter compaixão é interceder e não precisar conhecer todos os detalhes da situação. Enquanto alguns ouvem o pedido e o esquecem imediatamente, você lembra mais tarde em oração. A próxima vez que vê a pessoa, pergunta como estão as coisas. Às vezes, você percebe que ora pelos problemas das pessoas mais do que eles mesmos. Você pode acabar cuidando dos outros mais do que eles cuidam de si mesmos.

Sua compaixão pode exceder seu tempo, dinheiro e energia. Com a força da oração de compaixão, você quer fazer muito mais porque vê além do que poderia ser feito. As pessoas com essa força normalmente chamam os outros para se envolverem ou orar pelos carentes. Isso multiplica os recursos.

Parceiro bíblico de oração

O bom samaritano é um excelente parceiro bíblico de oração para você. Jesus contou a história do bom samaritano em Lucas 10:30-37. Quando o samaritano foi junto e viu o homem ferido e assaltado, ele "sentiu compaixão" pelo outro (v. 33). Os líderes religiosos tinham visto o mesmo homem e tinham ignorado. Mas o samaritano o aliviou e limpou suas feridas, o colocou sobre o jumento e o levou para uma pousada. Após cuidar do homem por uma noite, o samaritano deu dinheiro para o dono da pousada e disse: "Cuide dele. Quando eu voltar lhe pagarei todas as despesas que você tiver." Hoje em dia, seria como deixar seu cartão de crédito para cobrir qualquer despesa. Aqueles com a força da oração de compaixão fazem todo o possível para garantir que os necessitados sejam realmente ajudados, apesar da situação.

Edificando-se na força da oração de compaixão

A compaixão combina com a verdade em várias formas. À medida que você descobre as necessidades dos outros ao seu redor, percebe rapidamente que não pode resolver todos os problemas que encontra. Já que confia em Deus para suprir as necessidades das pessoas, apresente também as suas para ele, crescendo assim na força da verdade. Além disso, sua adoração pode se fortalecer ao refletir sobre a compaixão de Deus. Considere que ele conhecia os anseios e preocupações das pessoas antes de você, e ele está agindo como um Deus bom. Então, você pode edificar sua força de gratidão ao agradecê-lo por dar-lhe a sensibilidade com relação aos necessitados ao seu redor e por prover para eles, até mesmo através de você.

Versículos para a compaixão na oração

Provérbios 19:17; Romanos 12:15; 1Coríntios 12:25-26; 2Coríntios 1:11; Efésios 6:18; e 1Timóteo 2:1.

Gratidão — obrigado

Sua tendência natural é agradecer a Deus. Se você possui a força da oração de gratidão, está satisfeito com tudo que Deus proveu. Em vez de procurar pela grama mais verde, sabe que Deus tem dado o que você precisa para o dia de hoje. Isso faz de você uma pessoa cuja companhia é agradável, porque você é grato não só a Deus, mas também àqueles ao seu redor. Enquanto os outros são abençoados e não sabem disso, você está ciente de cada benção que lhe surge e tem uma postura de gratidão.

Ser grato é expressar apreciação. Enquanto alguns pensam que ganharam o que possuem, você vê que tudo que tem vem da provisão divina. Essa gratidão surge quando você tem êxito e alguém o elogia por isso. Nesses momentos, você é rápido para agradecer a Deus e dar-lhe toda a glória.

Você sabe que sua vida não é um erro. É provável que tenha uma profunda apreciação pela atenção do Senhor para as pequenas coisas. Você o vê agindo em pequenos detalhes que os outros deixam passar e, quando vê, sabe como render graças a Deus.

Parceiro bíblico de oração

O apóstolo Paulo será um grande parceiro bíblico de oração para você. Em suas cartas, ele sempre agradecia às igrejas, às pessoas e ao próprio Deus por proverem ao longo da vida. Em Colosso, ele lembrou à igreja que: "Sempre agradecemos a Deus, o Pai de nosso Senhor Jesus Cristo, quando oramos por vocês, pois temos ouvido falar da fé que vocês têm em Cristo Jesus e do amor que têm por todos os santos [...]" (1:3-4). Ele contou por que era grato pela igreja em Colosso da qual era muito íntimo. Ele compartilhou que quando ouviu as boas obras da igreja, "[...] não deixamos de orar por vocês e de pedir que sejam cheios do pleno conhecimento da vontade de Deus, com toda a sabedoria e entendimento espiritual" (vv.9). Paulo ressaltou o que o Senhor estava fazendo dentro e através da igreja, e sua gratidão inspirou-os em meio ao processo.

Edificando-se na força da oração de gratidão

A gratidão anda de mãos dadas com a adoração. O reconhecimento leva a uma consciência maior de que Deus é o doador de todas as coisas boas. A gratidão pode ser a base para a força da adoração, já que esta enfatiza a bondade essencial divina, que é sempre digna de louvor. Você pode entregar mais suas necessidades a Deus como um gesto de gratidão e, ao agir assim, crescer na força da verdade. Então, veja sua compaixão se fortalecer ao agradecer o Senhor por colocar em seu caminho os necessitados. Peça para dar-lhe um coração compassivo por quem ele sabe que deve entrar em contato com você.

Versículos para a gratidão na oração

2Samuel 22:49-51; 1Crônicas 16:34; Salmos 75:1; 118:21; 139:14; Isaías 12:1; 25:1; Lucas 17:11-19; Romanos 6:16-18; e Efésios 5:20.

Notas

Capítulo 1: Oração de bolso

1. Para as estatísticas acerca da oração, consulte "U. S. News & Beliefnet Prayer Survey Results". Beliefnet. Disponível em: <http://www.beliefnet.com/Faiths/Faith-Tools/Meditation/2004/12/U-S-News-Beliefnet-Prayer-Survey-Results.aspx>. Acesso em 14 de janeiro de 2014. Para as estatísticas dos exercícios, consulte "New CDC Report Says Many Americans Get No Exercise". Bradley Blackburn, ABC News, 16 de fevereiro de 2011. Disponível em: <http://abcnews.go.com/Health/cdc-report-americans-exercise/story?id=12932072>. Para as estatísticas sobre a vida sexual, consulte "Frequently Asked Sexuality Questions to The Kinsey Institute". Kin-

sey Institute. Disponível em: <http://www.iub.edu/~kinsey/resources/FAQ.html#frequency>. Acesso em 14 de janeiro de 2014.

2. "Atheist Prayer: religious activity not uncommon among nonbelievers". Huffington Post, 26 de junho de 2013. Disponível em: <http://www.huffingtonpost.com/2013/06/25/atheist-prayer_n_3498365.html>.

Capítulo 2: Pai... Papai

1. A pesquisa de Joachim Jeremias levou-o a escrever: "*Abba* era uma palavra diária, uma palavra doméstica, familiar... Nenhum judeu ousaria chamar Deus dessa forma. Jesus sempre chamava, em todas as suas orações que são entregues a nós, com uma única exceção: o clamor na cruz" (Joachim Jeremias. *The Prayers of Jesus*. London: SCM Press, 1967. p. 57). Alguns estudiosos discordaram de Jeremias. Mesmo assim, o convite a orar *Abba* é reforçado pela instrução de Jesus de sermos como crianças.

2. Frederick Dale Bruner. *Matthew:* a commentary by Frederick Dale Bruner. Dallas: Word, 1987. p. 234. v. 1. The Christbook: Matthew 1-12.

Capítulo 3: Tu és bom

1. Spiros Zodhiates, ed. *The Hebrew-Greek Key Word Study Bible*: key insights into God's word; New American Standard Bible. Chattanooga, TN: AMG, 2008. *Dicionário do Antigo Testamento*, verbete #2896.

Capítulo 4: Preciso de ajuda

1. John Eldredge. *Beautiful Outlaw:* experiencing the playful, disruptive, extravagant personality of Jesus. New York: Hachette, 2011. p. 58.

2. Alan E. Nelson. *Broken in the Right Place.* Nashville: Thomas Nelson, 1994. p. 89.

3. Helen Roseveare. *Living Faith:* willing to be stirred as a pot of paint. Fearn, UK: Christian Focus Publications, 2007. pp. 56-58.

Capítulo 5: Cura-me

1. Philip Yancey. *Prayer.* Does it make any difference? Grand Rapids, MI: Zondervan, 2006. p. 266.

2. Frederick Dale Bruner. *Matthew:* a commentary by Frederick Dale Bruner. Dallas: Word, 1990. p. 747. v. 2. The Churchbook: Matthew 13-28.

Capítulo 6: Perdoa-me

1. Rick Reilly. "The Confounding World of Athlete Tattoos". ESPN The Magazine, 14 de novembro de 2009. Disponível em: <http://sports.espn.go.com/espn/columns/story?columnist=reilly_rick&id=4644126&sportCat=nba>.

Capítulo 7: Eles precisam de ajuda

1. "A Rodeo Cowboy's Fight to Survive". © 2012 The Christian Broadcasting Network Inc. Usado com permissão. Todos os direitos reservados. Disponível em: <http://www.cbn.com/media/player/index.aspx?s=/mp4/AR99v2_WS>. A história completa é recontada em: Freddy Vest. *The Day I Died:* my breathtaking trip to heaven and back. Charisma, 2014.

Este livro foi impresso em 2022, pela Vozes,
para a Thomas Nelson Brasil. A fonte usada no miolo é
Bookman Old Style 12/18. O papel do miolo é pólen
natural 80g/m² e o da capa é cartão 250g/m².